职业教育城市轨道交通理实一体化系列教材

城市轨道交通车站运作管理

主　编　苏　璐　姚慧欣　卢佳杰
副主编　龚秋菊　陈　雪　杨欣宇
参　编　邓　雪　刘乙橙　马陈慧
　　　　彭过超　莫　荥

机 械 工 业 出 版 社

本书以项目任务的体例进行编写，围绕城市轨道交通车站站务岗位所需的理论知识和技能要求，对城市轨道交通车站运作管理进行了详细的阐述。本书包括城市轨道交通车站管理概述、城市轨道交通车站基础管理、城市轨道交通车站人员管理、城市轨道交通车站运营生产管理、城市轨道交通车站属地管理、城市轨道交通车站新线接管6个项目，共计18个任务。本书每个项目至少配有1个实训工单，以方便学生进行技能训练。本书理论结合实际，推行一体化教学，能让学生真正掌握所需的知识和技能。本书教学资源丰富，配有免费的电子课件、相关动画视频和习题答案，用手机扫一扫书中二维码便可观看相关视频与动画。

本书可作为职业院校城市轨道交通相关专业教材，也可作为城市轨道交通运营公司等企业技术人员参考用书和培训用书。

本书配有电子课件等资源，凡选用本书作为教材的教师，均可登录机械工业出版社教育服务网（www.cmpedu.com）注册后免费下载，或联系编辑索取（010-88379201）。

图书在版编目（CIP）数据

城市轨道交通车站运作管理 / 苏璐，姚慧欣，卢佳杰主编. -- 北京：机械工业出版社，2024.7. --（职业教育城市轨道交通理实一体化系列教材）. -- ISBN 978-7-111-76257-7

Ⅰ. U239.5

中国国家版本馆 CIP 数据核字第 2024DZ1714 号

机械工业出版社（北京市百万庄大街22号　邮政编码100037）
策划编辑：于志伟　　　　　　责任编辑：于志伟
责任校对：张爱妮　李　婷　　封面设计：张　静
责任印制：任维东
北京瑞禾彩色印刷有限公司印刷
2024年8月第1版第1次印刷
184mm×260mm・9.75印张・235千字
标准书号：ISBN 978-7-111-76257-7
定价：40.00元

电话服务　　　　　　　　　网络服务
客服电话：010-88361066　　机　工　官　网：www.cmpbook.com
　　　　　010-88379833　　机　工　官　博：weibo.com/cmp1952
　　　　　010-68326294　　金　书　网：www.golden-book.com
封底无防伪标均为盗版　机工教育服务网：www.cmpedu.com

前 言

城市轨道交通车站是城市轨道交通的重要组成部分，随着建设城市轨道交通的城市数量的增加，城市轨道交通的发展步伐加快，对人才的需求量增大，目前，国内开设城市轨道交通相关专业的职业院校增多，相关企业需要具有专业职业素养，同时掌握相关岗位所需要的理论知识和操作技能的高素质技能型人才。

本书以城市轨道交通车站实际典型工作任务为中心，以城市轨道交通车站各岗位的岗位要求为基础进行设计，共6个项目18个任务。

本书具有以下特色。

1. 推进教材"课程思政"改革

本书在教学内容中有机融入城市轨道交通相关岗位职业精神、安全意识、职业道德等素养提升元素，培养学生的职业自信、工匠精神，使学生形成良好的遵纪守法意识。

2. 校企双元开发，内容对接职业标准

本书与地铁公司相关岗位技术人员共同合作，通过岗位职业能力分析，以站务员、行车值班员、行车调度员等职业岗位标准为目标，构建基于典型工作过程的教材内容体系，与现场真实工作任务无缝衔接，让学生在理论学习中掌握实际岗位所需知识和技能，缩短与现场岗位的差距。

3. 推动线上、线下混合式教学

本书遵循"以职业能力为基础、以学生为中心"的课程资源开发理念，为学习者提供丰富的学习素材和多样的学习模式，配有丰富的数字化资源，让学生真正掌握相关知识内容，落实职业能力与职业素养培养目标。

4. 完善课程评价机制

本书课程评价采用过程性评价与结果性评价相结合，理论与实践相结合，职业能力与职业素养相结合，学生自评、互评与教师评价相结合的考核方式，全面考核学生所学内容，综合评价学生职业技能和职业能力。

本书由成都交通高级技工学校苏璐、姚慧欣及成都地铁运营有限公司卢佳杰担任主编；成都工业职业技术学院龚秋菊，广州地铁集团有限公司运营事业总部陈雪、杨欣宇担任副主编；成都交通高级技工学校邓雪、四川交通职业技术学院刘乙橙、金肯职业技术学院马陈慧、集美工业学校彭过超、厦门信息学校莫荣参与编写。具体分工：苏璐负责项目一的编写及教材的统稿；姚慧欣负责项目二和实训工单七～十一的编写；卢佳杰负责项目三和实训工单一～六的编写；龚秋菊负责项目四的编写；杨欣宇负责项目五的编写；陈雪负责项目六的编写；邓雪参与项目一任务一的编写；刘乙橙参与项目三任务二的编写；马陈慧参与项目五任务一的编写；彭过超参与项目六任务二的编写；莫荣参与实训工单的编写。

本书在编写过程中，参考和引用了部分城市轨道交通企业的运营资料及相关文献，在此谨对相关作者表示衷心的感谢。鉴于编者水平有限，书中不足之处，敬请读者批评指正。

编　者

二维码清单

名称	图形	名称	图形
关站		厅巡岗	
开站		站台巡视	
票亭岗		扶梯引导	
车站巡视		运营前检查	

目　录

项目一

城市轨道交通车站管理概述

【项目导入】

地铁没有 24h 运营　地铁运营人却是 24h 工作

地铁车站，乘客来往匆匆，你一定看到过站务员甜美的微笑，站务员举手投足间诠释的是他们"秉持真诚、服务大众"的理念。为寻求帮助的乘客送来一杯热水，为初来乍到的游客提供耐心解答，站务员们有着一双乐于助人的手，一颗以乘客为中心的心。

清晨 6:40，早班站务员到达车站，干净利落地整理着装，与坚守了一夜的员工们完成交接，整装待发，一天的工作正式开始。他们清点各类房间钥匙，确认 800M、400M 手持台电量充足，"全副武装"到达站台岗，为护航早高峰客流做足准备。

上午 8:00，来到地铁站的乘客逐渐多了起来，站务员们守候在车站四处，为来往乘客悉心服务。

接车、引导上下车、列车关门时举手拦截、提示列车发车，标准化的作业手势是他们每一天的固定动作，看似平淡无奇的手势，却守护着早高峰期间来来往往的每一位乘客。

他们与乘客素不相识，然而，每一次相遇，站务员都会给予乘客最温暖的微笑，在乘客有困难时挺身而出，排忧解难。

中午，车站客流渐少，站务员们迎来了短暂的"蓄能"时间，缓解早高峰的疲惫。

下午 15:00，站务员在"对讲、腰包、钥匙……""好，交接完毕"的口令中进行工作交接，并开始了运营高峰时段前的准备，接班站务员们精神抖擞，严阵以待。

每天列车出发前，他们已完成着装准备，做好引导准备，地铁收班后，他们收拾铁马，整理物品，使车站整洁一新。

为了广大乘客出行便捷，站务员始终在一线奋战，他们全力保障地铁每一天的顺利运营，一直在以更高、更好的服务标准，竭诚为市民乘客服务。

任务一　城市轨道交通车站管理模式

【任务描述】

城市轨道交通车站管理模式不仅取决于运营设备自动化程度和客流量的大小，而且与整个运营管理模式密切相关。具体有哪些车站管理模式？它们的特点都是怎样的？

【学习目标】

知识目标	技能目标	素养目标
1. 了解不同的城市轨道交通车站管理模式 2. 掌握城市轨道交通车站的管理权限	1. 能够掌握不同管理模式的优缺点 2. 能够清楚车站的管理权限	1. 培养学生在城市轨道交通车站中的归属感 2. 强调车站管理的规范性

【理论知识】

一、城市轨道交通车站管理模式分类

城市轨道交通车站管理模式分为以自然站为基本单位的管理模式和站区（中心站）管理模式。

1. 以自然站为基本单位的管理模式

以自然站为基本单位的管理模式是"点、线"结合的单线管理模式，是一种集权式管理结构，其主要特点是按不同地铁线路成立一个车站管理部门，以自然站为基本单位进行管理，统一模式、统一标准，车站管理部门统一提供技术支持和业务支持。

（1）车站层级管理框架　自然站管理模式下的车站层级管理框架如图 1-1 所示。

（2）自然站管理模式的优点　自然站管理模式的优点如下：

1）每名站长负责一个车站，有利于站长对整个车站的了解，便于车站属地管理。

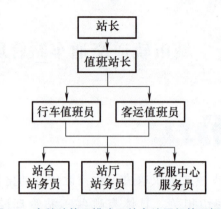

图 1-1　自然站管理模式下的车站层级管理框架

2）技术支持人员和业务支持人员设置集中，车站只负责执行，确保政策和制度统一。

3）管理人员数量较少，人工成本较低。

（3）自然站管理模式的缺点　自然站管理模式的缺点如下：

1）车站站长缺少管理权限和资源，车站处置具体工作时受到限制。

2）车站间的人员调配受到影响，票务权限等限制较大，不够灵活。

3）技术支持人员和业务支持人员在遇到突发事件需赶赴现场时，耗费时间长，现场处置效率较低。

2. 站区（中心站）管理模式

站区管理模式是根据车站客流量和技术设备设置的不同，在一条线路上选取几个车站作为中心站，临近车站作为卫星站，以一个站带几个站的形式进行管理，由站区（中心站）统一提供技术支持和业务支持。

（1）车站层级管理框架　站区管理模式下的车站层级管理框架如图 1-2 所示。

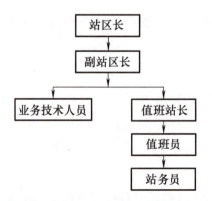

图 1-2　站区管理模式下的车站层级管理框架

（2）站区（中心站）管理模式的优点　站区（中心站）管理模式的优点如下：

1）能强化自身管理功能，同时强化车站现场管理作用。

2）能加强现场业务的指导力度，使车站具有更多的自主权限，提高处置突发事件的效率。

3）从外部管理来看，区域化管理便于与街道、公安部门沟通。

（3）站区（中心站）管理模式的缺点　站区（中心站）管理模式的缺点如下：

1）"区域化"的车站管理模式一般适用于线网密度较大的城市，小城市线网还未形成之前发挥不出作用。

2）管理人员较多，相比而言，人工成本有所增加。

3）对站长的要求较高，新开通的地铁，管理人员缺乏经验，很难胜任。

二、城市轨道交通车站管理权限

城市轨道交通车站管理权限如下：

1）对车站的保洁、安检、保安、商业人员、施工人员等站内工作人员进行属地管理。

2）对进入车站的乘客按《城市轨道交通管理条例》进行管理。

3）车站巡视地域范围包括车站内部及出入口。

4）当班值班站长在紧急情况下，可调动车站保洁、安检、保安等在车站范围内的工作人员，参与车站紧急情况下的应急处理。

 知识拓展

成都市城市轨道交通管理条例

根据成都市城市轨道交通管理条例第四十一条，禁止在城市轨道交通车站和车厢内从事下列行为：

1）吸烟，随地吐痰、便溺、吐口香糖，乱扔果皮、纸屑、包装物等废弃物。

2）躺卧、乞讨、收捡废旧物品。

3）踩踏座椅、追逐打闹、大声喧哗、使用电子设备时外放声音滋扰其他乘客等。

4）擅自摆摊设点、停放车辆、堆放杂物、散发宣传品或者从事销售活动。

5）在城市轨道交通设施设备上涂写、刻画，擅自张贴、悬挂物品。

6）在车厢内进食（婴儿、病人除外）。

7）其他影响城市轨道交通公共秩序、公共场所容貌和环境卫生的行为。

【学习小结】

1）城市轨道交通车站管理模式包括以自然站为基本单位的管理模式和站区（中心站）管理模式。

2）城市轨道交通车站不仅要对车站站务人员进行管理，还要对其他站内工作人员进行属地管理。

3）城市轨道交通车站对进入车站的乘客也要进行管理。

【知识巩固】

简答题

1. 简述站区（中心站）管理模式的优缺点。

2. 简述城市轨道交通车站管理权限。

任务二　城市轨道交通车站岗位职责及工作标准

【任务描述】

城市轨道交通车站在车控室、站厅、站台等位置均设有岗位，每个岗位的员工职责不同。那么，不同岗位的员工，他们的职责分别是怎样的？具体有怎样的工作标准呢？本任务将以站区管理模式为例，讲解城市轨道交通车站各岗位工作职责。

【学习目标】

知识目标	技能目标	素养目标
1. 了解车站站区长、副站区长、车站业务技术人员岗位职责 2. 掌握车站值班站长、值班员岗位职责 3. 熟悉车站站务员岗位职责	1. 能够按照标准完成站务员岗位工作 2. 能够按照标准完成值班员和值班站长岗位工作	1. 培养学生爱岗敬业的精神 2. 培养学生遵章守纪的意识

【理论知识】

一、站区长岗位职责

站区长岗位职责如下:

1) 代表公司在所管辖范围行使属地管理权,组织站区员工进行客运组织、行车组织、施工组织和票务组织等。

2) 为站区安全生产第一负责人,全面负责站区安全生产工作。贯彻落实国家、省、市关于安全生产工作各项方针、政策、法律、法规和集团公司、运营公司、分公司、站区各类安全规章制度。

3) 全面负责站区各项行政管理,严格执行规章制度和上级指示,制订工作计划,合理安排资源,落实各项工作。

4) 按照企业可持续发展要求,制订、完善站区人事、考评、培训、会议、岗位标准、交接班等制度,提高站区管理水平。

5) 负责站区队伍建设,对站区员工有岗位调整权、监督考核权、晋升推荐权,对车站进行绩效管理。

6) 负责指导、审核、检查副站区长、车站业务技术人员的工作落实情况,并提出改进要求。

7) 负责站区的安全生产工作,建立站区安全网络,落实治安、消防工作要求,定期进行安全教育和安全检查,落实安全隐患的整改工作。与地铁公安、安检、保安、保洁等驻站单位保持联系,定期召开综合治理会议,确保与各单位合作畅顺。

8) 负责站区的客运服务工作,规范车站票务运作,优化客运组织,提高员工服务技能和技巧,为乘客提供优质服务。

9) 负责站区员工的培训工作。针对员工工作需求,根据上级要求和本站情况组织员工进行业务培训，定期对培训方式和培训效果进行检查，提高站区的培训工作质量和员工业务技能。

10）完成上级布置的其他工作。

二、副站区长岗位职责

副站区长岗位职责如下：

1）协助站区长开展工作，代表公司在所管辖范围行使属地管理权，组织站区员工开展车站运作。

2）协助站区长负责站区安全生产工作及贯彻落实国家、省、市关于安全生产工作各项方针、政策、法律、法规和集团公司、运营公司、分公司、站区各类安全规章制度。

3）协助站区长指导车站业务技术人员工作；协助站区长制订、完善人事、考评、培训、会议、检查、岗位标准、交接班等制度，协助站区长开展安全生产、客运服务、综合管理等部分业务工作。

4）根据上级工作计划，合理安排人力资源，根据各项生产任务制订相应的工作计划，定期跟进各项计划的完成情况。

5）针对员工业务水平，制订相应的培训计划并开展培训，定期对培训计划的执行情况和培训效果进行检查。

6）贯彻执行公司的文本规章，并根据实际情况修改文本规章，及时组织员工学习和贯彻相关文本规章。

7）负责辖区内车站的日常管理，做好分管班组工作的检查、指导和考核工作，公正、公平、公开地评价员工。

8）负责分管车站班组建设和管理工作，掌握员工思想动态，确保员工队伍稳定。

9）完成上级布置的其他工作。

三、车站业务技术人员岗位职责

车站业务技术人员岗位职责如下：

1）协助（副）站区长开展管理工作。代表公司在所管辖范围行使属地管理权，组织辖区员工开展车站运作。

2）协助（副）站区长分管站区培训、人力、基础、党群等部分综合管理工作，并协助安全生产、客运服务中的一个模块工作。

3）根据上级工作计划，牵头制订、监督、落实各模块工作计划，定期总结模块工作完成情况，提出改进措施和工作设想，提高模块管理水平。

4）负责合理安排所驻车站人力资源，制订所属车站排班表，从工时和排班等方面实现人力资源高效利用。

5）负责所驻车站员工的思想动态跟踪、党群管理、工会小组管理等工作；指导、审核、检查所驻车站值班站长的工作落实情况，并提出改进要求。

6）协助（副）站区长管理所驻车站员工的"两纪一化"，定期通过跟岗、夜班工作检查、低峰期巡查等方式开展监督检查，提高"两纪一化"执行质量。

7）参加站区、所驻车站交接班会，跟进和落实相关工作。

8）完成上级布置的其他工作。

四、值班站长岗位职责

值班站长岗位职责如下：

1）服从（副）站区长的领导，组织本班员工开展工作，对本班工作全面负责。

2）负责对本班站务人员进行管理，对值班员、站务员的工作进行监督、指导、考核、教育，掌握员工思想状况。

3）负责对保洁、安检、保安、商业人员、施工人员等驻站人员进行属地管理。

4）负责本班运营组织工作，服从线网指挥中心调度指挥，执行相关命令。

5）具体负责本班安全工作。严格执行各项规章制度，加强对治安、消防、应急预案的演练，同时与地铁公安协作，共同搞好车站综合治理工作。

6）具体负责本班服务工作。指导车站员工的工作，处理乘客事务，为乘客提供优质服务。

7）具体负责本班票务工作，严格执行票务规章制度，确保本班票务运作顺畅，无客运值班员车站，兼任客运值班员岗位。

8）负责事故发生后的处理工作。车站值班站长作为发生险情时现场应急处置的现场指挥人员，在未进行指挥权交接前，负责责任区域现场抢险救援和应急处置工作的统一指挥，其职责包括及时采取措施，控制局面，减少人员伤亡及财产损失，尽快恢复运营。

9）及时按程序向（副）站区长、上级部门汇报生产信息和运作情况。

10）负责本班值班员、站务员的岗位业务技能培训工作。

11）巡视、检查本班工作中的各项设备、设施状况，发现故障及异常情况及时处理和报告。负责电梯管理，恶劣天气情况下，电梯应按照"应开尽开"的原则做好使用管理，安排人员做好已开启电梯的值守工作，在出入口通道采取积水清扫等防滑措施，并安排人员进行客流疏导。

12）负责本班台账的填写及相关数据的收集。

13）对所保管的钥匙、备品、门禁卡等负责。

14）负责本班文件处理，并组织员工学习。

15）对分管工作负责，按规定开展分管的各项工作，定期总结、汇报。

16）有责任向车站提出本人的建议和意见。

17）对本站员工的奖罚、岗位调整、晋升有建议权。

18）落实和执行公司规章制度。

19）完成上级布置的其他工作。

五、值班员岗位职责

值班员应在值班站长的领导下开展工作，并对当班站务员的工作进行监督指导，主动向值班站长汇报本班设备、设施运作情况和各岗位工作情况。同时，值班员有责任向本班组、站区和上级部门提出建议和意见。

1. 行车值班员岗位职责

行车值班员岗位职责如下：

1）负责本班行车组织工作，按有关规定操作和监控行车设备。

2）全面负责当班行车组织、施工登记及施工安全等工作。

3）负责监控本班工作中的各项设备、设施状况，发现故障及异常情况及时按有关程序处理。

4）负责掌握本站客流情况、乘客动态，处理乘客事务，做好广播服务。

5）负责安排和监督各岗位按岗位流程工作，协调各岗位工作。

6）发生异常情况，及时按有关预案处理和上报。

7）对所保管的钥匙、备品、门禁卡和台账等负责。

8）负责记录本班重要情况、交接班事项和其他按要求需要记录的内容。

2. 客运值班员岗位职责

客运值班员岗位职责如下：

1）对本班的票务管理工作负责。严格按票务规章开展票务工作。

2）负责安排并监督站务员的票务工作。

3）负责处理当班与乘客相关的票务事务及服务事务。

4）对所保管的钥匙、备品和台账等负责。

5）完成上级布置的其他工作。

六、站务员岗位职责

站务员安排在售票岗、厅巡岗和站台岗等岗位，车站根据实际需要，经上级部门同意后，可将站务员安排在扶梯岗和引导岗等岗位。

1. 售票岗职责

售票岗负责当班客服中心的售票工作，确保售票（卡）、充值、验票、收款、兑零等相关票务工作准确。

1）处理与乘客相关的票务事务。

2）对填写的票务报表和当日票款收益负责。

3）对本班客服中心内的卫生工作及安全工作负责。负责本班客服中心内的设备和备品的管理，确保客服中心门窗随时处于锁闭状态。

4）兼任巡视岗或站台岗时必须履行相应岗位职责。

5）完成上级布置的其他票务工作。

2. 厅巡岗职责

厅巡岗的立岗位置原则上在进站闸机与自动售票机（TVM）之间的中间位置，当客流较小时，应在进站闸机处立岗，当出站闸机处的乘客需要帮助时，应第一时间为乘客提供帮助。

1）巡视站厅、出入口。巡视事项包括检查消火栓、灭火器箱、电气设备状态，处理可疑物品等安全事项及乘客服务事项，检查广播、告示、灯箱、闸机、灯管、扶梯、TVM、乘客信息系统（PIS）、各种贴纸、告示、玻璃栏杆等服务设备设施状态，检查出入口通道、楼梯状态（出入口通道、楼梯严禁破损超过 $100cm^2$ 或堆放杂物影响乘客通行）。不断巡视站厅设备的运行情况、乘客进出站情况等，及时主动向有需要的乘客提供服务。

2）帮助乘客，回答乘客询问，解决乘客问题。及时处理乘客事务，帮助引导车票有问题的乘客到自助票务处理终端（SBOM）、客服中心。

3）积极疏导乘客，要特别注意突发暴风雨等特殊情况下，乘客涌向出入口时，做好疏通堵塞的通道等工作。

4）及时向值班站长、值班员报告异常情况和问题。

5）制止并处理乘客违反《城市轨道交通管理条例》的行为，阻止乘客携带"三品"，长、宽、高之和超过 1.8m 或长度超过 1.6m 的物品，导盲犬之外的其他动物进站乘车。

6）有特殊乘客进站及时通知有关岗位，对老年乘客、儿童、行动不便者或携带大件行李者要指引其乘坐垂直电梯或走楼梯，必要时提供帮助，以避免客伤事件发生。

7）及时向值班站长汇报客服中心和 TVM 前乘客排队人数，以便值班站长决策。

8）积极引导进站乘客到乘客较少的客服中心、TVM、闸机等处购票、进/出站。

9）负责监督工作区域内的卫生情况，发现问题，应立即整改。

10）遇 TVM、闸机、自动扶梯故障的情况要及时摆放暂停服务牌，并及时向车控室报告。

11）负责出站闸机票箱的更换工作，协助进行更换钱箱、清点钱箱的工作。

12）负责站厅边门的管理，按规定给乘客开边门。

13）其他需要完成的事项。

3. 站台岗职责

站台岗职责如下：

1）巡视内容包括检查消防设备设施的状态，确认消火栓、灭火器箱上的封条是否完好，对于破封的要检查里面的设备是否齐全、完好；检查站台门的状态，包括站台门上的顶箱前盖板是否锁闭，站台门和端门是否正常关闭等；检查上、下行尾端的缝隙灯状态是否良好；检查自动扶梯运行是否正常，包括自动扶梯有无异响，梯级上有无异物（有异物时及时清理）等；检查站台其他设备设施的状态，如自动扶梯处栏杆、站台候车椅、灯管等的状态是否良好；检查站台备品间内所有设备设施的状态是否良好，有无缺少。

2）负责按站台接发列车标准接发列车，监视列车运行状态、乘客上下车的状态，处理在接发列车过程中发生的突发事件（如站台门未关好、车门/站台门夹人夹物等）。

3）设有红外光栅的车站遇红外光栅报警时，确认车门与站台门间空隙是否有异物，与司机做好联控。

4）巡视站台时需留意站台乘客的候车动态，及时提醒特殊乘客注意安全（如对不便乘坐自动扶梯的乘客提醒其走楼梯或垂直电梯），提醒乘客不要倚靠站台门。

5）巡视时发现携带违反地铁管理规定物品的乘客，要及时劝其改乘其他交通工具，并及时报车控室。

6）对站台乘客候车秩序负责，引导乘客到人较少的地方候车，主动引导乘客按地面箭头指示排队候车，先下后上，引导乘轮椅的乘客到轮椅乘车位对应的站台门处上车。

7）对站台卫生和安全负责，确保站台门及以内区域安全。发现异常情况及时处理。

8）处理各种紧急情况（具体按有关预案处理）。

9）制止并处理乘客违反《城市轨道交通管理条例》的行为。

10）负责列车折返时的清客工作。

11）对端门安全负责，在接发列车间隙，查验巡检人员证件与车控室核对无误后开端门，并确保端门正常关闭。

4. 扶梯岗职责

扶梯岗职责如下：

1）引导搭乘自动扶梯的乘客"站稳扶好，注意安全"。

2）对不便乘坐自动扶梯的乘客提醒其走楼梯或垂直电梯，防止乘客携带大件物品搭乘自动扶梯。

3）密切关注自动扶梯运行情况，当乘客较多，可能出现拥堵等紧急情况时，及时采取措施（如紧急停梯），并上报车控室。

4）当出现扶梯客伤时，及时按停自动扶梯，按客伤程序处理。

七、岗位作业具体要求

1. 厅巡岗突发情况的处理要求

厅巡岗突发情况的处理要求如下：

1）留意是否有精神异常、酗酒的乘客，禁止其进站乘车，及时汇报车控室，必要时请求警务人员或其他同事协助并注意自我保护。

2）在出入口、站厅范围发生治安、安全事件时，要及时赶到，保护现场，寻找两名及以上目击证人。

3）发现有故意损坏或偷窃站厅设备设施行为时应及时制止，留下肇事人，及时报车控室。

4）对发生在站厅的客伤事件要及时报车控室，协助进行处理并寻找两名及以上目击证人。

5）出现安全紧急情况时，按照站务专业现场处置方案执行。

2. 站台岗工作中的注意事项

站台岗工作中的注意事项如下：

1）站台岗在接车间隙要巡视站台，不能固定站立在某一个位置。

2）在巡视过程中，必须观察轨行区情况，确认是否存在异物、站台门或其他轨旁设备是否侵限。

3）注意自身安全，防止不慎跌入轨行区，切勿盲目进入轨行区，在进入轨行区时必须穿荧光衣。

4）在车门出现故障时，协助司机进行处理。

5）在站台门出现故障时，按"先通后复"的原则和站台门故障处理程序进行处理，若故障无法修复，应及时张贴故障纸。

6）当站台发生物品掉落轨道的事件时，立即做好乘客引导和安抚工作，按规定将物品拾回。

7）当站台发生客伤事件时，立即到站台寻找受伤乘客，做好乘客的安抚工作，并向乘客了解受伤的经过，寻找两名及以上的目击证人。

8）当车站收到行车调度（以下简称行调）有关列车需在本站清客的通知时，立即进行清客，引导车上的乘客上到站台，维持站台乘客候车秩序，并做好乘客的解释工作，清客完毕后向司机显示"好了"信号。

9）当车站收到行调有关列车故障造成晚点的通知时，维持好站台秩序，安抚候车乘客。

知识拓展

武汉地铁近 2000 名值班站长取得红十字救护员证

"在进行胸外心脏按压时,双膝着地与肩同宽,肩、肘、腕成一条线……"某日上午,在武汉地铁组织的急救培训现场,武汉市红十字会救护培训中心高级救护培训师现场讲授了应急救护知识,并进行了心肺复苏等实操演示,50 余名地铁站长在此参加培训并接受实操训练,如图 1-3 所示。

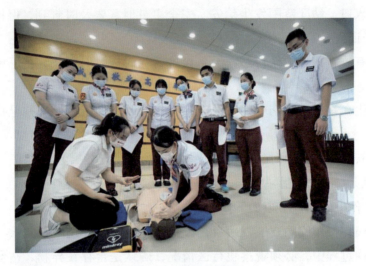

图 1-3　应急救护培训

"地铁站客流大,突发状况多,作为值班站长,具备基本的应急救护知识非常有必要。遇到紧急情况,如果能在专业人员到来前采取一些基本的急救措施,也许对于受助者来说就多一分希望。"参加此次应急救护培训的值班站长说,此前他曾多次帮助过身体不适的乘客,并希望能通过此次培训学习到更系统、专业的应急救护知识。

据悉,武汉地铁邀请武汉红十字会专业人员,对值班站长进行系统、专业的应急救护培训,一年期间已举办了 40 余场,近 2000 名值班站长上了这门"必修课",参训人员均取得了红十字救护员证。

"作为值班站长,公司在我们上岗前就会组织一系列的应急救护培训,在地铁车站也发生过多次使用自动体外除颤器(AED)救人、乘客与工作人员携手救人的事件,现在大家面对乘客突发疾病时能主动提供帮助,不仅体现了我们应急救护能力的提升,也彰显了我们城市的温度。"阳逻线百步亭花园路值班站长说。

【学习小结】

城市轨道交通车站各岗位应根据本岗位的职责完成相关工作，其中，站区长、副站区长应全面进行站区管理，行使属地管理权，做好站区属地管理；车站业务技术人员应重点关注所属模块进行管理；值班站长、值班员、站务员各岗位应完成当班工作，确保车站正常运作。

【知识巩固】

简答题

1. 请简述站台岗的岗位职责。

2. 请简述厅巡岗的立岗位置。

任务三 城市轨道交通车站开关站程序

【任务描述】

城市轨道交通车站每日运营结束后都需要关站，每日运营开始前都需要开站，那么车站的开关站工作是如何组织的呢？

【学习目标】

知识目标	技能目标	素养目标
1. 了解车站开站各项工作的重点事项 2. 了解车站关站各项工作的重点事项	1. 能够按照要求正确完成车站的开关站作业 2. 能够掌握车站开站程序及各岗位人员的职责 3. 能够掌握车站关站程序及各岗位人员的职责	1. 明确每一个作业流程的具体操作时间，培养学生的时间观念 2. 培养学生严格按照作业流程完成相关工作的规矩意识

【理论知识】

一、车站开站

每个车站的开站时间都会随着该车站首班车时间的不同而存在差异，在首班车到达之前，车站需要完成所有的准备工作，确保可以为乘客提供正常的服务。

1. 设备设施准备情况

（1）**环控系统**　行车值班员根据电调命令，开启环控系统，确保开启模式正确且无异常报警信息。

（2）**照明、导向设备**　行车值班员根据电调命令，开启车站正常照明，并开启导向设备（图1-4），在综合监控系统上查看并确认开启状态正确且无设备故障，注意检查公共区导向灯箱是否正确。

（3）**AFC设备**　客运值班员做好AFC设备的准备工作，完成TVM的加币、加票工作，并检查自动检票机、半自动售票机（BOM）和自动查询机（TCM）等自动售检票系统（AFC）设备是否处于正常运营状态，确保投入运营的设备都能正常使用，无夜班客运值班员车站由值班站长负责。

（4）**自动扶梯、垂直电梯及出入口卷闸门**　值班站长要在首班载客列车到站前10min完成出入口开启工作，卷闸门有地锁的车站注意打开地锁，以免损坏设备。在出入口开启前完成自动扶梯、垂直电梯开启工作，开启自动扶梯、垂直电梯人员需持有特种设备操作证。

2. 人员到岗情况

值班站长在开站前要做好各岗位人员到岗情况的检查，确保每个岗位人员都已经满

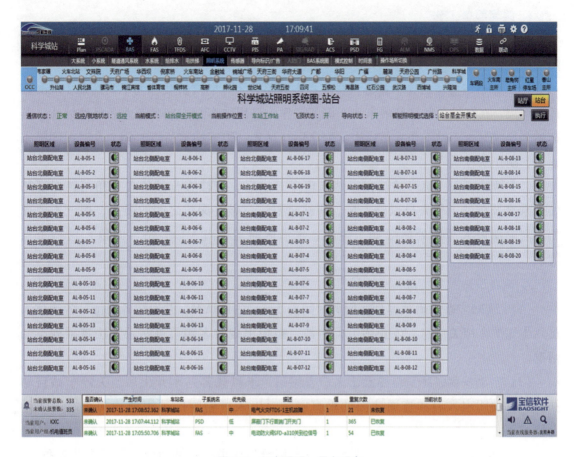

图 1-4 开启照明、导向设备

足着装标准、备品齐全、精神状态良好等在岗要求。

（1）**站台岗** 站台岗需在首班载客列车到站前 10min 领齐钥匙、对讲机、手持台、扩音器等备品到岗，做好首班载客列车的接发。

（2）**售票岗** 售票员在开站前做好上岗准备，带齐客服中心钥匙、相关票务钥匙、备用金、各类车票，并在首班载客列车到站前 12min 到岗，锁闭边门。

（3）**保洁人员** 保洁人员要在开站前做好卫生间的清扫工作，确保便池、蹲位、地垫清洗干净，垃圾桶内垃圾已清理，地垫已清洗，两纸一液已备好，整体卫生良好，无可视垃圾，清扫工器具摆放整齐。

二、车站关站

与城市轨道交通车站开站相类似，每个车站的关站时间也会随着该车站末班车时间的不同存在差异，在末班车到达之后，车站需要确认所有乘客均离开车站，并及时关闭车站出入口，停止对外服务。

1. 乘客服务工作

（1）末班车服务广播 行车值班员应在全站播放末班车相关广播，提醒乘客抓紧时间购票进站乘车。

（2）末班车服务工作 站务人员应在本线路首个方向末班载客列车到站前 10min 到运营结束，在车站公共区开展末班车服务工作，提醒乘客某方向列车服务已经终止。若车站为换乘站，车站工作人员应根据列车运行计划、乘客换乘所需时间，及时关闭换乘通道，防止乘客误入。

（3）清站工作 值班站长在本站末班车开出后，应检查车站的各个角落，保证站内无乘客及车站工作人员以外人员。清站时要注意做好岗位之间的衔接，保证不留死角，对易滞留人员的处所（如卫生间、生活区通道、出入口、站台四角）进行重点清理。

2. 设备设施关闭情况

（1）TVM 在末班载客列车服务时间前 5min 关闭 TVM，并通知各岗位，各岗位人员须告知乘客相关信息，停止该方向售票，避免出现乘客购票进站后无法搭乘列车的情况。

（2）自动扶梯、垂直电梯及出入口卷闸门 末班载客列车开出后，关停车站自动扶梯，并关闭出入口和连通地面的垂直电梯，出入口卷闸门须用地锁的车站应注意上锁。

（3）环控系统、照明和导向系统 行车值班员应根据电调命令，关闭车站大系统，并执行相应的照明和导向模式。

三、车站开站程序

车站相关责任人应严格按照时间要求完成车站开站相关程序，具体流程见表 1-1。

表 1-1 车站开站程序

序号	责任人	时间	内容
1	行车值班员	首班载客列车到站前 30min	开启环控系统、照明和导向系统等
2	客运值班员	首班载客列车到站前 30min	完成 TVM 加币、加票工作，并检查 AFC 设备是否处于正常运营状态
3	值班站长、行车值班员	出入口开启前 30min 内	完成自动扶梯、垂直电梯开启工作
4	站台岗、值班员、值班站长	—	接发通勤车
5	保洁人员	首班载客列车到站前 15min	完成卫生间清扫工作
6	售票岗	首班载客列车到站前 12min	到岗，锁闭边门

（续）

序号	责任人	时间	内容
7	值班站长、行车值班员	首班载客列车到站前 10min	完成出入口开启工作，卷闸门有地锁的车站注意打开地锁，以免损坏设备；采用一键开关站功能的车站，由行车值班员在确保安全的前提下开启出入口卷帘门，开启前应严密监控出入口环境，确保无安全隐患
8	站台岗	首班载客列车到站前 10min	领齐备品到岗
9	值班站长	—	检查照明设备、通风设备、导向设备、自动扶梯、AFC、边门等设备情况，人员到位情况，卫生情况
10	行车值班员	—	对照车站时刻表，通过闭路电视监控系统（CCTV）、信号工作站做好首班载客列车卡控

四、车站关站程序

车站相关责任人应严格按照时间要求完成车站关站相关程序，具体流程见表 1-2。

表 1-2　车站关站程序

序号	责任人	时间	内容
1	值班站长、行车值班员	—	监控末班车相关广播的播放是否正常
2	站务人员	本线路首个方向末班载客列车到站前 10min 至车站运营结束	末班车服务工作
3	行车值班员	末班载客列车服务时间前 5min	关闭 TVM
4	站台岗、值班站长	—	换乘站应根据列车运行计划、乘客换乘所需时间，及时关闭换乘通道，防止乘客误入
5	值班站长	本站末班车开出后	检查车站的各个角落，保证站内无乘客及车站以外人员
6	值班站长、行车值班员	末班载客列车开出后 30min 内	关停自动扶梯
7	值班站长	末班载客列车开出后 15min	关闭出入口和连通地面的垂直电梯，出入口卷闸门须用地锁的车站应注意上锁
8	行车值班员	末班载客列车结束前 30min 内	关闭车站大系统
9	行车值班员	运营结束后	根据电调命令，执行相应的照明和导向模式
10	值班站长	—	确认清站、出入口关闭、自动扶梯关闭、照明关闭、TVM 关闭等情况
11	行车值班员	—	对照车站时刻表，通过 CCTV、信号工作站做好末班载客列车卡控

知识拓展

成都地铁开展"一键开关站"试点应用

为推进"智慧车站"建设，建立高水平智慧运维体系，探索车站设备智慧管理新高地，提升车站设备运维管理能力，成都地铁完成"一键开关站"功能测试，并在九道堰、九兴大道、泉水路、骑龙等站试点应用。

"一键开关站"突破了传统人工开关站模式，充分利用综合监控系统平台实时显示车站设备状态，通过 CCTV 系统远程确认自动扶梯、出入口等区域状态，操作人员可"一键"操作，实现站内照明、通风空调、AFC、CCTV、PIS、广播（PA）等系统的联动控制，由"人工实地操作模式"转变为"一键开关站模式"，在确保开关站安全性的同时提升了车站设备管理的时效性。

下一步，成都地铁将结合试点效果，不断总结优化"一键开关站"功能，为打造线网"智慧车站"提供宝贵经验。

【学习小结】

1. 车站开站要点

1）在首班载客列车到站前 30min 完成 TVM 加币、加票工作，并检查 AFC 设备是否处于正常运营状态。

2）在出入口开启前 30min 内完成自动扶梯、垂直电梯开启工作。

3）安排人员做好接发通勤车工作。

4）值班站长于首班载客列车到站前 10min 完成出入口开启工作，卷闸门有地锁的车站注意打开地锁，以免损坏设备；综合后备盘（IBP）有开启出入口卷帘门功能的车站，由行车值班员在确保安全的前提下操作 IBP 按钮开启出入口卷帘门，开启前应严密监控出入口环境，确保无安全隐患。

5）检查照明设备、通风设备、导向设备、自动扶梯、AFC、边门等设备情况，人员到位情况，卫生情况。

2. 车站关站要点

1）监控末班列车相关广播的播放是否正常。

2）在末班载客列车服务时间前 10min 到公共区进行末班列车服务工作。

3）换乘站应根据列车运行计划、乘客换乘所需时间，及时关闭换乘通道，防止乘客误入。

4）本站末班列车开出后，检查车站的各个角落，保证站内无乘客及车站工作人员以外人员。清站时做好岗位之间衔接，保证不留死角，对易滞留人员的处所（如卫生间、生活区通道、出入口、站台四角）进行重点清理。

5）末班载客列车开出后 30min 内，关停自动扶梯。

6）末班载客列车开出后 15min，关闭出入口和连通地面的垂直电梯，出入口卷闸门须用地锁的车站注意上锁。

7）确认清站、出入口关闭，自动扶梯、照明、TVM 等关闭。

【知识巩固】

一、选择题

1. 站台岗需在首班载客列车到站前（　　）min 领齐备品到岗。

A. 8　　　　　　　　　B. 10　　　　　　　　　C. 12　　　　　　　　　D. 15

2. （　　）在首班载客列车到站前 30min 开启环控系统、照明、导向设备等。

A. 值班站长　　　　　　　　　　　　B. 行车值班员

C. 设备值班员　　　　　　　　　　　D. 客运值班员

3. 售票岗需在首班载客列车到站前（　　）min 到岗，锁闭边门。

A. 8　　　　　　　　　B. 10　　　　　　　　　C. 12　　　　　　　　　D. 15

4. 运营结束后，行车值班员需根据（　　）命令，执行相应的照明、导向模式。

A. 值班站长　　　　B. 行调　　　　C. 设备调度　　　　D. 电调

5. 在末班载客列车服务时间前 5min 应关闭（　　）。

A. 自动售票机　　　　　　　　　　　B. 自动检票机

C. 自动查询机　　　　　　　　　　　D. 半自动售票机

二、简答题

1. 请简述城市轨道交通车站开站程序。

2. 请简述值班站长在城市轨道交通车站关站中的主要作业。

项目二

城市轨道交通车站基础管理

【项目导入】

车站作为城市轨道交通生产的基本单位，其基础运作管理水平对城市轨道交通高效、平稳地运行起着举足轻重的作用。在复杂的城市轨道交通运作体系中，车站作为运输乘客的重要环节和窗口单位，其良好的基础运营管理模式是运输生产系统运行秩序正常、乘客生命财产平安无险、运输设备完好无损的保障。车站的基础管理是城市轨道交通企业管理中最前沿，也是最有代表性的管理，只有注重基础管理建设，才能保证车站高效稳定地运作。那么，如何做才能提升车站的基础运营管理能力，确保乘客出行安全、有序呢？

任务一　城市轨道交通车站排班考勤及考评管理

【任务描述】

城市轨道交通的蓬勃发展，离不开每一位轨道人的辛勤付出，有序的车站基础管理是车站高效运作的根基。那么全年无休的城市轨道交通车站内，如何进行人员安排，才能保证车站工作的高效运转呢？

【学习目标】

知识目标	技能目标	素养目标
1. 了解车站排班的要求及规定 2. 掌握车站考勤规定及调班规定 3. 了解车站考评管理开展要求	1. 能够按照车站班制按时上岗 2. 能够掌握车站调班的相关规定，并按规定执行	1. 培养学生按时到岗的工作习惯 2. 增强学生的安全生产意识及"主人翁"意识

【理论知识】

一、排班考勤的目的

城市轨道交通车站投入运营后，车站基本是 24h 作业，运营时段内需要迎送乘客，非运营时段内需要进行设备的维护。因此，车站须根据工作需要，对车站各岗位实行定岗定员管理，车站员工根据班表的安排上岗。车站排班时须按照车站的班制标准执行，同时结合车站客流特征，确保各岗位人员可以满足乘客的乘车需求。

二、考评管理

在车站日常管理过程中，为增强员工的安全生产意识及"主人翁"意识，调动员工参与安全生产工作的积极性，维护正常生产秩序，车站须制订员工考评方案，对员工工作业绩、工作态度、岗位技能等工作情况进行考评。

车站以站区长（中心站站长）为考评小组组长，牵头完成年度、月度考评工作。其中，月度考评内容包括站区（中心站）管理工作测评、值班站长工作评估、员工月度绩效考评；年度考评内容包括车站员工工作业绩、工作态度、岗位技能等。

三、排班考勤的具体规定

1. 排班规定

1）员工上岗必须持有本岗位资格证，并经公司正式聘任，不允许出现低岗顶高岗的情况。

2）排班要满足各站要求，每月工时不能少于公司规定，每月要确保员工休息时间符合公司规定。

3）不能擅自增加或减少岗位。

2. 考勤规定

员工考勤可采用纸质考勤和电子考勤等多种形式。城市轨道交通车站由于体量较大，通常采用纸质考勤方式。

（1）工时计算规定

1）值班站长、客运值班员、行车值班员和售票员计算交接班时间，其余岗位都不计算交接班时间。

2）晚班可以休息的岗位，休息时间不计算工时。

3）每次交接班会时间不超过30min，须计算工时。

4）车站须按有关规定排班，当员工加班超工时时，应根据公司规定给予加班费或由车站安排补休。若因业务不熟练、违章违纪等原因加班，不计入工时，也不给予补休。

5）员工的工时按照排班表的岗位时间，从员工到岗时间开始计算，不包括间休时间。

6）已递交辞职报告还未经公司审批的员工，仍在上班的继续计算工时，不能擅自除名，直到人力资源部门通知该员工办理辞职手续后，才可以除名。人力资源部门批准后的辞职人员，自批准日起，车站不再安排其上班。

（2）**调班规定**　员工因特殊原因无法按照班表到岗的，允许员工视情况提前进行调班，员工调班申请需经值班站长或值班站长以上人员审批，员工不得私自调班。

知识拓展

广州地铁车站自动排班系统

随着城市轨道交通行业的快速发展，越来越多的城市地铁进入"线网"时代。以往车站排班原则上采用人工通过电子表格进行班表草拟、修改、审核、打印等操作，存在效率不高、不能充分实现数据共享、工时等信息管理不够标准、信息化管理水平不高等问题。为解决人工排班模式存在的不足，广州地铁实施建设车务信息管理平台（TNS）项目，实现车站自动排班、班表自动编制、生产运营信息管理等功能，其核心模块"车站自动排班"可以实现对各类岗位班次、事务活动、请假与休假信息、工时等台账信息管理的标准化、信息化。

【学习小结】

1. 排班考勤

1）员工上岗必须持有本岗位资格证，并经公司正式聘任，不允许出现低岗顶高岗的情况。

2）员工每月工时不能少于公司规定，超工时情况根据公司规定发放加班费或安排补休。

3）员工的工时计算从员工到岗时间开始，不包括间休时间。

4）员工因故进行调班时，不得低岗顶高岗。

2. 考评管理

1）车站需根据考评方案，由站区长牵头完成年度、月度考评工作。

2）月度考评内容包括站区管理工作测评、值班站长工作评估、员工月度绩效考评。

3）年度考评内容包括车站员工工作业绩、工作态度、岗位技能等。

【知识巩固】

简答题

1. 请简述城市轨道交通车站员工调班规定。

2. 请简述城市轨道交通车站员工排班规定。

任务二　城市轨道交通车站会议管理

【任务描述】

会议是交流信息、解决问题、推动工作的重要方式。在城市轨道交通车站，也常采用会议这种形式来达到统一认识、协调行动、增进了解的目的。那么，城市轨道交通车站有哪些会议形式，又是如何组织这些会议的呢？

【学习目标】

知识目标	技能目标	素养目标
1. 了解车站会议类型 2. 了解车站会议概况	1. 能够掌握车站交接班会开展形式 2. 能够掌握车站交接班会的组织要求	1. 通过强调交接班的重要性，培养学生的责任意识 2. 培养学生的沟通能力

【理论知识】

一、会议类型

城市轨道交通车站会议根据会议目的的不同，可分为全站员工大会、专题会议、车站综合治理工作会议和车站交接班会。

1. 全站员工大会

全站员工大会原则上每月召开一次，车站全体员工均需参加，会议主要对上月工作情况进行分析、总结，对当月工作进行部署、布置。同时，全站员工大会也是车站管理人员与员工进行信息互通的重要方式。

2. 专题会议

专题会议的常见形式包括安全事件分析会、票务事件分析会、服务投诉分析会和员工座谈会等。专题会议无固定召开频率，可根据实际需要组织召开，参会人员根据专题会议实际需要确定。

3. 车站综合治理工作会议

车站综合治理工作会议原则上每月召开一次，车站警务室负责人、商铺负责人、保洁班长、保安队长、安检队长等参与车站综合治理工作的主要负责人参会。车站综合治理工作会议是车站工作人员协调各单位工作、了解各单位需求的重要途径，是向各单位传达重要通知，并分析、解决现有问题的重要措施。

4. 车站交接班会

车站交接班会一般在班组交接班之前召开，早班、中班至少各开展一次，保证生产信息的有效传达，如图 2-1 所示。进行交接班的员工需参加交接班会议，会议内容包括传达近期重点工作、总结班组运营情况、培训相关知识等。不同岗位人员在交接过程中，需注意重点交接本岗位涉及的相关工作内容。

图 2-1　车站交接班会

二、各岗位交接班内容

（1）**值班站长**　值班站长全面负责当班期间车站的正常运作，在进行交接时，须关注站内设备状态（特别关注未修复故障）、施工完成情况（特别关注未请点、未销点等施工异常情况）、近期重点工作事项、预警、应急响应等级等。

（2）**行车值班员**　行车值班员主要负责当班期间车站行车组织工作，并对本班施工登记、施工安全负全面责任，在交接时，须对车控室内备品情况进行确认，关注行车设备及系统故障情况、施工完成情况（特别关注未请点、未销点等施工异常情况）、预警、应急响应等级及临时调度命令的传达。

（3）**客运值班员**　客运值班员主要负责当班期间车站票务事务处理及车站现金安全，在交接过程中，务必注意钱款需账实相符，确保票务备品齐全，传达车站采取的客运组织措施及预警、应急响应信息。

（4）售票员 售票员负责当班期间乘客票务事务处理，在交接时，确保所有现金、车票已收齐，对本岗位客运组织措施及特殊乘客事务进行说明。

（5）站台岗 站台岗负责当班期间站台乘客安全及设备安全，在交接时，须对站台门、端门、自动扶梯运行情况进行确认。

各岗位交接班重要事项见表 2-1。

表 2-1　各岗位交接班重要事项

事项	岗位				
	值班站长	行车值班员	客运值班员	售票员	站台岗
备品	清点钥匙、备品，确认手机上交情况	清点钥匙、门禁卡，确认行车备品柜、消防备品柜备品齐全、良好	清点车票、票款、备用金、钥匙、票务备品，确认账实相符	清点钥匙、备品，检查有无来历不明的现金、车票	清点钥匙、备品
设备	检查车站设备设施及系统故障修复情况	检查行车设备及系统故障修复情况	检查票务设备及系统故障修复情况	检查 BOM、对讲设备、求助按钮功能情况	检查站台门、端门、自动扶梯运行情况
施工	检查施工计划完成情况及未请点、未销点等施工异常情况				
重点工作	1）重点交班事项 2）OA 待办事项 3）客运组织措施 4）预警、应急响应	1）重点交班事项 2）预警、应急响应信息 3）临时调度命令	1）重点交班事项 2）客运组织措施 3）预警、应急响应	1）重点交班事项 2）本岗位客运组织措施 3）预警、应急响应 4）特殊乘客	

三、会议组织要求

车站各类型会议在组织召开时，应明确参会人员，并做好会议记录，各类型会议组织要求概况见表 2-2。

表 2-2　各类型会议组织要求概况

会议种类	频率	参加人员	主要内容	会议组织要求
全站员工大会	每月一次	全体员工	上月工作总结、本月工作布置、重要信息传达、员工对车站管理提出合理化建议、讨论员工绩效考核、车站工作策略及需要解决的问题等	在全站会前后，需值班站长层级召开车站月度例会，会议纪要需在3日内发布

（续）

会议种类	频率	参加人员	主要内容	会议组织要求
专题会议	根据实际需要召开	按实际需要人员召开	根据紧急会、安全事件分析会、票务事件分析会、服务投诉分析会、员工座谈会等会议类型确定内容	
车站综合治理工作会议	每月一次	警务室负责人、商铺负责人、保洁班长、安检队长、保安队长等	协调各单位工作、了解各单位需求、传达重要通知、分析存在问题、布置本月重点工作等	会议纪要需在3日内发布，发综治小组成员；会议纪要需存档
车站交接班会	至少早班、中班各一次	交接班员工、三保班组长等	传达前日运营情况及本日重点工作，传达近期工作重点、重要文件精神、总结本班工作情况、进行思想教育、培训相关知识	

 知识拓展

会议记录的基本要求

会议记录是指在会议过程中，由记录人员把会议的组织情况和具体内容记录下来，以最大限度地再现会议情境及会议过程。车站各类会议均需做好会议记录，不得后补、杜撰，保证记录内容真实、准确。会议记录的基本要求如下：

1）准确写明会议名称（要写全称）、开会时间、开会地点、会议性质。

2）详细记下会议主持人，出席会议应到和实到人数，缺席、迟到或早退人数及其姓名、职务，记录者姓名。如果是群众性大会（如全站员工大会），只要记参加的对象和总人数，以及出席会议的较重要的领导即可。如果某些重要的会议，出席对象来自不同单位（如车站综合治理工作会议），应设置签名簿，请出席者签署姓名、单位、职务等。

3）重视记录会议上的发言和有关动态。会议发言的内容是记录的重点。其他会议动态，如发言中插话、笑声、掌声，临时中断以及别的重要的会场情况等，也应予以记录。

4）记录会议的结果，如会议的决定、决议或表决等情况。

会议记录要求忠于事实，不能夹杂记录者的任何个人情感，更不允许有意增删发言内容。会议记录一般不宜公开发表，若需发表，应征得发言者的审阅同意。

5）会议记录应该突出的重点如下：

① 会议中心议题以及围绕中心议题展开的有关活动。

② 会议讨论、争论的焦点及其各方的主要见解。

③ 权威人士或代表人物的言论。

④ 会议开始时的定调性言论和结束前的总结性言论。

⑤ 会议已议决的或议而未决的事项。

⑥ 对会议产生较大影响的其他言论或活动。

【学习小结】

交接班重要事项如下：

1）各岗位人员进行交接时，交接双方需确保本岗位备品齐全、状态良好。

2）各岗位人员交接过程中，需关注本岗位涉及设备设施状态，重点关注故障报修及故障修复进度。

3）涉及施工作业的岗位，在交接时需对施工作业情况进行确认，重点关注未请点、未销点等施工异常情况。

4）对当班期间遇到的特殊乘客事务、临时调度命令、预警、应急响应等突发情况进行重点传达。

【知识巩固】

简答题

1. 请简述城市轨道交通车站会议类型。

2. 请简述城市轨道交通车站站务员交接班重点事项。

任务三　城市轨道交通车站 6S 管理

【任务描述】

　　某家具公司，利用先进的灯光技术制造了虚拟海滩氛围的工作环境，工作人员可以穿着海滩短裤、T恤上班，享受100%的新鲜空气和自然光。有趣的是，这家公司的生产率因此提高了15%。由此可见，办公环境与员工的工作效率之间也存在着一定联系。城市轨道交通车站作为城市的窗口，车站的工作效率、执行力、服务水平和精神面貌对整个公共交通行业有着十分重要的影响。提升车站工作执行力，一方面可以从合理有效的制度层面进行管理，另一方面也可以从办公环境的布置入手，使工作人员在潜移默化中提高个人工作效率。

【学习目标】

知识目标	技能目标	素养目标
1. 掌握 6S 的内涵	1. 能够掌握车站 6S 管理区域	1. 培养学生的综合素质
2. 了解 6S 的实施原则	2. 能够了解车站 6S 的要求	2. 培养学生养成较好的工作习惯

【理论知识】

一、6S 的含义

　　6S 管理制度就是整理（SEIRI）、整顿（SEITON）、清扫（SEISO）、清洁（SEIKETSU）、素养（SHITSUKE）、安全（SECURITY），因它们的外文单词均以"S"开头，故简称为 6S。

二、6S 的内容

1. 整理（SEIRI）

　　整理是指将工作场所的所有物品区分为有必要的和没有必要的，除了把有必要的物品留下来，其他的物品都处理掉。这样做的目的是腾出空间、活用空间，防止物品误用，营造清洁的工作场所。

2. 整顿（SEITON）

整顿是把留下来的必要物品按照规定位置摆放，并放置整齐加以标识。这样做的目的是使工作场所内物品一目了然，减少寻找物品的时间，塑造整整齐齐的工作环境。

3. 清扫（SEISO）

清扫是将工作场所内看得见与看不见的地方都清扫干净，保持工作场所干净、明亮。这样做的目的是保证工作场所环境的品质，减少工业伤害。

4. 清洁（SEIKETSU）

清洁是将整理、整顿、清扫进行到底，并且制度化，经常保持环境处在美观的状态。这样做的目的是创造明朗的工作现场，维持上述"3S"的成果。

5. 素养（SHITSUKE）

素养是使团队中的每位成员养成良好的习惯，并遵守规则做事，培养积极主动的精神（也称为习惯性）。这样做的目的是使员工能够培养好习惯、遵守规则，培养员工团队精神。

6. 安全（SECURITY）

安全是指重视成员安全教育，使员工每时每刻都坚持安全第一的理念，防患于未然。这样做的目的是建立起安全生产的环境，保证所有的工作都在安全的前提下开展。

三、6S 的实施原则

城市轨道交通车站实行 6S 管理制度，需遵循四大基本原则，即效率化原则、持久性原则、美观性原则和人性化原则。

1. 效率化原则

实行 6S 管理制度前，首先应有明确的工作标准。定置管理应便于操作者操作，并能够为员工带来方便。所以，推行 6S 管理工作必须考虑将定置的位置是否可以提高工作效率作为先决条件。

2. 持久性原则

所谓持久性原则就是要求在 6S 现场管理实施的过程中，持之以恒，长期坚持。要持久推进 6S 工作，需要依靠制度保障。健全和落实各项管理制度、检查考核问责制度、奖罚制度、培训制度、问题整改制度、确认制度等，督促并确保管理的顺畅实施。

3. 美观性原则

定置的工作环境并不是冰冷的、机械的，在 6S 现场管理实施的过程中，要注意塑造一个具有舒适、温馨、积极氛围的工作环境。

4. 人性化原则

通过 6S 现场管理的推行，可以进一步提高工作人员的个人素养，在推行过程中，标准流程的制订依靠人来完善，所有步骤的进行也要充分考虑人的因素。

四、车站 6S 管理区域

车站 6S 管理区域包括车控室、站长室、会议室、站务室、更衣室、票务管理室、票务中心（客服中心）、备品库、设有班组宣传设施的通道、其他站务备用间。针对以上区域，车站须依照 6S 管理的总体标准和要求制订分区域的 6S 管理实施方案，绘制各区域的物品摆放平面图，统一标准、标识，并遵照执行，如图 2-2 和图 2-3 所示。

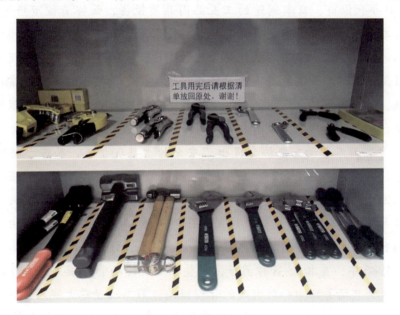

图 2-2 成都地铁 6S 管理

图 2-3 成都地铁母婴候车室 6S 标准

知识拓展

6S 的起源与发展

所谓 6S 管理，是指对实验、实训、办公、生产现场各运用要素（主要是物的要素）所处的状态不断进行整理、整顿、清扫、清洁，提高素养、安全的活动。通常来说，6S 管理模式是在 5S 管理的基础上增加了"安全（Security）"这一"S"扩展而来的，为了更好地了解 6S 管理，首先要从 5S 管理谈起。

5S 管理起源于日本，最先重视这方面研究的是从事制造业的质量管理专家。20 世纪 40 年代以前，日本制造的工业品因品质低劣，面临着被市场淘汰的风险。为此，日本企业认识到只有提升产品质量，抢占国际市场，才能走出困境。这一时期，日本的质量管理专家纷纷从现场管理的角度，提出了许多有利于提高产品质量的实质性做法，这些做法包括：各种物品按规定、定量摆放整齐；经常对现场实物进行盘点，区分有用的和没用的，没有用的坚决清除掉；确定物品放置场所，规定放置方法；对工作场所经常进行打扫，清除脏污，保持场所干净、整洁。

1950 年，日本劳动安全协会提出"安全始于整理整顿，而终于整理整顿"的宣传口号，当时只推行了 5S 中的"整理、整顿"，目的在于确保生产安全和作业空间，后来因生产管理的需求及水准的提升，才继续增加了其余 3 个 S，即"清扫、清洁、素养"，从而使应用空间及适用范围进一步拓展，也使其重点由环境品质扩大至人的行为品质，这些措施使产品在安全、卫生、效率、品质及成本方面得到较大改善。1986 年，首本 5S 著作问世，对整个日本现场管理模式造成了冲击，使之后来发展成为现场管理中一种有效的管理模式。第二次世界大战后，许多日本企业开展 5S 管理活动，使产品质量得以迅猛提升。在丰田公司的倡导和推行下，5S 管理在塑造企业形象、降低成本、准时交货、安全生产、高度标准化管理及建造令人心旷神怡的工作场所等现场改善方面发挥了巨大作用，因此 5S 管理被各国管理界所认识。随着世界经济的发展，5S 现已成为工厂管理的一股新潮。

5S 引进中国后，由于企业发展的需要，海尔集团等部分知名企业在 5S 的基础上增加了一个 S，即安全，目的是突出安全管理的重要性。与 5S 比较，6S 实现了三大创新，即由活动演变为管理体系的创新，方法的创新，与本土企业相结合的创新。6S 管理的对象，既有现场的"环境"，它对生产现场环境全局进行综合考虑，并制订切实可行的计划与措施，从而实现规范化管理；又有现场工作的"人"，6S 管理的核心和精髓是素养，如果没有员工队伍素养的相应提高，6S 管理就难以开展和坚持下去。经过企业管理者多年的实践和探索，6S 已成为一套符合中国国情的工厂现场管理方法。

📁 **【学习小结】**

1. 6S 的含义

6S 即整理、整顿、清扫、清洁、素养和安全。

2. 车站 6S 管理区域

车站 6S 管理区域包括车控室、站长室、会议室、站务室、更衣室、票务管理室、票务中心（客服中心）、备品库、设有班组宣传设施的通道、其他站务备用间。

📝 **【知识巩固】**

填空题

1. 6S 管理制度指整理、_____、_____、_____、_____和安全。

2. 车站 6S 管理区域包括车控室、_____、_____、_____、_____、票务管理室、_____、_____、设有班组宣传设施的通道、其他站务备用间。

任务四　城市轨道交通车站控制室管理

📊 **【任务描述】**

在地铁站里，你一定注意过它——一个隔着厚厚玻璃的"小房间"，里面摆放着各种监控设备。其实，这个"小房间"就是车站控制室（以下简称车控室），是车站运作的"大脑"，负责车站的调度指挥和运营管理。别看它房间不大，能量却不小。在车控室中可以对车站消防、客运、行车、票务等设备进行实时监控和远程控制，乘客想要联系车站，车控室也是一个不错的选择，可以说车控室是实现车站与外界之间信息上通下达的重要桥梁。

车控室作为车站运作的"大脑"，不仅负责站内各类设备的监控和远程操纵，同时也负责站内工作人员的调配与统筹管理。这样一个"车站重地"，显然是不能随意进出的，那么，车控室该怎样进行管理呢？

【学习目标】

知识目标	技能目标	素养目标
1. 了解车控室管理规定 2. 掌握车控室 6S 管理标准	1. 能够掌握车站人员管理规定 2. 能够掌握车站钥匙管理规定	1. 通过学习车控室的管理规定，培养学生的管理能力 2. 培养学生对"行车重地"的敬畏之心

【理论知识】

一、车控室管理规定

车控室是车站监督、指挥车站运作的核心场所，车控室内集中了车站设备控制系统和行车指挥系统等重要设备，必须严格管理。

1）启用的车控室必须 24h 有人值守。

2）与车控室业务无关人员禁止进入车控室，因工作需要进入车控室必须佩戴有效证件并说明原因。

3）车控室内不得使用私人电器、不得存放私人物品。

4）车控室人员应注意岗位形象，遵守岗位标准。

5）车控室值班员作为车控室负责人，负责车控室的安全。

二、车控室 6S 管理

1. 家具布局

1）家具指放置于车控室的文件柜、备品柜、座椅等可移动办公家具。

2）车控室内办公家具应优先靠墙放置，按照家具尺寸和功能依次摆放，注重整体协调、错落有致，柜门、抽屉等在不使用时应保持关闭状态。

3）若因空间限制，家具无法全部靠墙摆放时，应合理布局，并精简非标准物资和文件，尽量减少车控室内的柜子。原则上不得在车控室擅自增加办公家具。

4）行车值班员工位至消防设备机柜直线距离内不可放置柜子，不得阻塞疏散路径。

5）行车备品柜、文件柜、消防备品柜等家具优先集中并排摆放，不具备条件的可分散放置，如图 2-4 所示。

6）车控室内仅可摆放一把座椅，供行车值班员使用，若有当班跟岗学习或协岗人员，可临时增设一把座椅，跟岗、协岗结束后临时增设座椅应立即撤除，其他人员不可在车控室内逗留。

7）独立的落地式台账柜可放于行车值班员工位附近方便取用的位置，优先放置于办公台下方。

图 2-4　车控室备品柜等家具

2. 台面管理

台面指车控室工作台和办公台桌面。

（1）办公台管理

1）办公台防静电桌垫下只能放置可以快速查阅的预案和电话等应急资料，使用时无须取出，不得放置外卖菜单、班表、培训考试等资料。

① 资料应为单面印刷并塑封，避免粘污桌垫，过期的资料应立即清除。

② 资料摆放应保持文字方向一致。车站自行打印的资料原则上应统一采用横向或纵向排版，摆放时应方向一致，水平/垂直居中对齐。

③ 资料应相互无重叠，整体呈现的形状规则整齐，底边与桌垫下边缘对齐，不得超出桌垫范围。

2）防静电桌垫压置资料的位置，不得摆放其他物品，以免遮挡资料。

3）其他需放于办公台上方的手机存放盒、文件架等优先放置于办公台台面两端靠边位置，摆放端正。

（2）工作台管理（图 2-5）

1）摆放于台面的监控、通信及办公计算机等设备，应分类集中放置，尽量靠近行车值班员，以便于使用，同类设备应张贴标签标注以免混淆使用。

2）电源线、连接线等应用扎带扎紧，避免缠绕、杂乱。

3）工作台上的显示器应以信号工作站为基准靠左或靠右对齐，显示器间间隔应适当并保持一致。

图 2-5　车控室工作台面

4）鼠标在不使用时应放置于相对应的显示器下方（控制两台显示器的，放于两台显示器之间），键盘优先置于桌面下方键盘架上，键盘架摆放不完的可放于桌面上方，非常用键盘放于相对应显示器后方。

5）综合监控显示器应于边框左下角张贴相应显示界面标签，调度电话及公务电话应在听筒上方张贴相应的标签，综合监控鼠标应张贴对应控制界面标签。

（3）行车值班员办公台管理（图2-6）

1）行车值班员办公台指信号工作站及运营生产管理系统（PMS）计算机前1m宽范围内（自台面侧边缘起1m）。

2）办公台的台面必须摆放当班的400M、800M对讲机，当班使用的台账、笔等，不可放置其他物品及个人用品，当班行车值班员可放置1个水杯于台面下方。

3）数字电话、公务电话及调度电话应摆放在行车值班员办公台范围内，并排放置。

图2-6 行车值班员办公台面

3. 物资管理

1）物资指需放置于车控室的服务、行车备品及配件、工器具、防护用品等。

2）车控室内的物资应分类管理、定点放置。

3）物资原则上应优先放置于备品柜、文件柜内。

① 物资应分类摆放整齐，存放于车控室的故障及功能失效的物资应于显著位置贴标签注明。

② 存放物资的备品柜、文件柜应设置物资清单。

③ 又长又大的物资无法放置于柜子内的，如开水阀、异物棒等，统一放置于IBP后方，轮椅、担架不可放置于车控室内。

4）车站可根据需求设置备品充电区，充电完成后应立即将备品归位，不得使其长期处于充电状态，不得将其长期摆放于外部。

5）凡直接放置于车控室地面的物资（含独立存放箱，如电话闭塞应急箱、应急备品箱），应使用虎斑线等划定放置区域，区域外一律不得摆放。

4. 钥匙管理

1）车控室内钥匙应分类放置于钥匙柜及文件柜、备品柜内。

2）钥匙应设置独立的标签，其中，门类钥匙应注明名称、位置或编号，其他钥匙应注明对应的设备名称。

3）常用钥匙应放于钥匙柜内，独立门类钥匙每个门仅可放置1把，分类门钥匙及操作类钥匙根据日常使用需求确定放置数量，钥匙挂钩处应张贴标签，并与钥匙标签

——对应，如图 2-7 所示。

4）备用钥匙应放于文件柜或备品柜内并加封，原则上所有钥匙应至少留存 1 把备用，非运营管辖的除外。

5）通道门及设备房、管理用房、备用间等房门钥匙应分区域归类、集中放置，设备操作钥匙（如卷帘门、气体灭火控制盒等其他钥匙）应分功能归类、集中放置。

图 2-7　车控室钥匙盘

三、车控室人员管理

车控室作为地铁车站的指挥核心，其工作内容的专业性及重要性不言而喻，须对进入车控室的人员进行严格管理，同时避免无关人员进入车控室。

1）正常情况下，车控室的工作人员不能超过 3 人（特殊情况除外），做到文明办公。车控室内的工作人员应按规定穿着。

2）工作原因进入车控室时必须佩戴有效证件并说明原因，在征得车控室值班人员同意后方可进入，不可在车控室内做与工作无关的事情。

3）进入车控室的人员禁止大声喧哗、吵闹，做到文明办公，不得影响行车工作。

4）进入车控室的人员严禁擅自启动、操作任何设备设施。

5）车控室外门必须处于常闭状态，门禁须设为正常状态。

6）其他部门员工到车控室进行施工请销点作业或借用物品时，不可多人进入车控室，只可派一人到车控室办理相关手续，其他人员在通道门外等候，施工工具不能携带进入车控室（图 2-8）。

7）外部施工人员（负责办理施工请销点的负责人除外）原则上不得进入车控室时，负责施工请点的人需要进入车控室时，先要在车控室前用对讲器请示车控室值班人员，由车控室值班人员同意后方可进入车控室。

8）站务员工或其他人员在车控室跟班学习，必须经当班值班站长同意。

9）原则上，除了车控室值班人员，其他人员一般不得使用车控室电话（紧急事件除外），若需使用内线电话可到站长室或其他地方。

10）车控室值班人员作为车控室的负责人，负责车控室的安全，要对进入车控室的人员做好监控，若发现违规，应及时制止。

车控室工作场景如图 2-9 所示。

图2-8 办理施工请销点

图2-9 车控室工作场景

 知识拓展

成都地铁10号线一体化车控室

　　车控室作为地铁运营管理过程中的重要组成部分，其人机的自然和谐水平直接影响安全管理的效能。为有效解决车控室的功能性缺失、整体布局凌乱、设备与设施的协调性欠缺等问题，成都地铁10号线引入了车控室一体化的设计和施工建设方案，从而实现了空间的有效利用、功能的便利高效，保障人机自然和谐的同时又充分展现了车站级形象窗口。

　　成都地铁10号线一体化车控室（图2-10）根据需求定制化生产安装，各专业模块位置标准化摆放，高度和位置按照使用频率设置。一体化方案由综合后备盘（IBP）、临窗操作台、隔断墙、多功能组合柜及LED信息屏等关键部分组成。IBP台面设计应方便操作和维修，并应具有安全性、散热能力、防护能力、防火能力、可靠性和屏蔽功能。IBP功能应能被拆分，以便于运输和安装，同时，IBP在整体设计上在

图2-10 地铁车站一体化车控室

其后留出了维修通道，设置了维修进出通道门，方便后期维修。整个车控室布局各功能区域划分明显，所有功能模块均有对应的标识标签，查找便利、使用方便，非常有利于紧急情况下车站工作人员快速、准确地做出应急反应。同时，采用一体化车控室后，整个车控室美观、整洁、大方，很好地解决了传统车控室"设备管线多、工作用品多、防护用具多"的"三多"现象，并且其增加LED电子显示屏等专门的宣传区域，能更加合理、便捷地展示企业文化。

【学习小结】

车控室管理基本规定如下：

1）启用的车控室必须 24h 有人值守，车控室值班员作为车控室负责人，负责车控室的安全。

2）正常情况下，车控室的工作人员不能超过 3 人（特殊情况除外），做到文明办公。车控室内的工作人员应按规定穿着。

3）与车控室业务无关人员禁止进入车控室，因工作需要进入车控室时必须佩戴有效证件并说明原因。

4）进入车控室人员严禁擅自启动、操作任何设备设施。

5）车控室外门必须处于常闭状态，门禁须设为正常状态。

6）车控室内各类用品摆放需按照 6S 管理标准执行，不得存放私人物品。

【知识巩固】

简答题

1. 请简述车控室人员的管理规定。

2. 请简述车控室钥匙的管理规定。

任务五　城市轨道交通文件管理

【任务描述】

成堆的纸、杂乱无章的书籍和办公用品散落在各处，是办公桌上的常见情形。在计算机的桌面和"资源管理器"中，也同样存在类似的无序与混乱。这种混乱极大地影响了办公的效率。花时间将文件管理起来，会为办公省下更多的时间。

文件管理的真谛在于方便保存和迅速提取，所有的文件应通过文件夹分类，放在能方便找到的地方。所有的文件、文件夹，都要规范化地命名，并放入合适的文件夹中分类管理。这样，当需要什么文件时，就能方便找到。

【学习目标】

知识目标	技能目标	素养目标
1. 了解车站文件管理规定 2. 了解车站文件盒管理规定	1. 能够掌握车站文件传阅规定 2. 能够掌握车站文件盒更新的规定	1. 培养学生的保密意识 2. 培养学生分类管理的能力

【理论知识】

一、文件管理

文件是城市轨道交通车站日常管理中涉及内容最多的一项，也是生产信息传递的重要形式，文件、规章是城市轨道交通日常运作的指挥棒。为规范车站文件的分类、归纳、更新、保管与使用，城市轨道交通车站一般都制定管理制度，由车站专人负责进行分类、归档、管理等工作。

二、文件盒管理

车控室配有文件柜（图2-11），应对车站文件盒进行分类保管，在文件盒侧面注明分类名称。文件盒中规章制度必须及时更新，并相应更新文件盒目录；废止制度文件应及时清理，文件盒中不得存放过期、无效文件。

三、文件管理规定

城市轨道交通车站文件指运营单位所发规章制度文件、资料、台账等各类纸质印刷品或电子文档。

车站文件应分类管理、定点放置，不可杂乱放置。使用完及过期的文件应定期整理、归档，不得存放于车控室内。

1. 台账类

台账应按公司相关规定设置，原则上不增加流程卡控、记录等管理台账，特殊情况

图 2-11　车控室文件柜

下确需增设时，应经归口管理部门同意后实施。

1）台账类文件应放置于台账柜、抽屉、文件架等收纳容器内。

2）收纳容器外部右上角应张贴台账分类标签，同类收纳容器的标签样式、标签张贴位置应统一。

3）台账使用后应立即归位，不得摆放于台面。

4）常用台账最多可备用一本放于指定位置。

2. 员工资料类

车站应为每位员工设置个人档案，一人一档，妥善保管。

1）车站安全责任书、上岗资格证、消防证存入一人一档。

2）安全教育试卷、师徒带教手册、实习生手册、书籍等不便于使用文件盒存放的文件，应由运营分公司自行确定存放、存档方式。

3. 其他文件

其他文件原则上应使用文件夹、文件盒等进行归类存放。

1）文件盒应优先置于文件柜透明柜门内上层，摆满后可放于下层，按名称顺序从左到右依次摆放，如 A1、A2、B1、B2……

2）文件夹可放置于台面和文件柜内。行车值班员常用文件夹可放置于办公台，文件夹多于一个时应使用文件架存放，其他不常用文件夹放置于文件柜内，整齐摆放于文件盒后。

3）文件夹及文件盒均应在侧面注明分类名称。

四、文件传阅规定

收到的文件要求在五天内传阅完毕，休假的员工在上班后三天内签阅完毕，确保全体员工及时了解有关信息。

 知识拓展

某地铁车站文件盒设置标准

车站文件盒包括车控室文件盒和站长室文件盒，其中，车控室文件盒主要分为安全管理类文件盒、消防管理类文件盒、客运管理类文件盒、属地化管理类文件盒，站长室文件盒主要分为基础管理文件盒、综治客伤管理文件盒、岗位实操评估文件盒、培训管理文件盒、考勤管理文件盒等。

（1）车控室文件盒

1）安全管理类（A类）文件盒。

① A1安全制度文件：存放对车站安全工作具有直接指导作用的规章制度文件。

② A2安全网络文件：存放安全活动方案、安全学习材料等文件。

③ A3应急处置文件：存放各项应急预案及应急处置程序等文件。

④ A4应急演练文件：存放车站各项应急演练方案、演练记录、评估报告等文件。

2）消防管理类（B类）文件。

① B1消防安全基本情况文件：车站基本概况和消防安全重点部位情况文件，消防设计审核、验收文件，消防安全组织结构文件，消防设施、灭火器材情况文件，消防安全管理制度等文件。

② B2消防安全管理文件：消防机构填发的各种法律文书，消防设施检查记录，防火及消防值班记录，火灾隐患及其整改情况记录，消防安全培训记录等文件。

③ B3消防维保管理及其他文件：公安消防机构填发的各种法律文书、消防隐患及其整改情况记录、消防维保单位出具的检测报告、第三方单位出具的安全评估报告、消防工作标准、消防安全培训教材等。

3）客运管理类（C类）文件盒。

① C1客运服务制度文件：存放客运组织、服务规章制度等文件。

② C2 客运服务网络文件：存放客运组织、服务工作要求、通知、学习材料、服务案例等文件。

③ C3 票务制度文件：存放票务规章制度等文件。

④ C4 票务网络文件：存放票务工作要求、通知、学习材料、案例等文件。

4）属地化管理类（D 类）文件盒。

① D1 属地化制度文件：存放属地化相关规章制度等文件。

② D2 属地化网络文件：存放属地化工作要求、通知、学习材料、活动案例等文件。

（2）站长室文件盒

1）基础管理文件盒：存放培训、物资等基础管理制度，车站物资管理台账，分公司会议纪要、宣传通报等文件。

2）综治客伤管理文件盒：存放综治、客伤相关文件。

3）岗位实操评估文件盒：存放各岗位车站上岗评估记录文件。

4）培训管理文件盒：存放车站重要培训记录表、考试培训情况分析、总结等相关文件。

5）考勤管理文件盒：存放排班表、考勤等相关文件。

【学习小结】

1. 车站文件管理规定

1）车站文件应分类管理、定点放置，不可杂乱放置。使用完及过期的文件应定期整理、归档，不得存放于车控室内。

2）台账类文件应放置于台账柜、抽屉、文件架等收纳容器内，使用后应立即归位，不得摆放于台面。

3）员工个人资料放入一人一档，妥善保管。

4）其他文件原则上应使用文件夹、文件盒等进行归类存放。

2. 车站文件盒管理规定

应对车站文件盒进行分类保管，文件盒中规章制度必须及时更新。

3. 文件传阅规定

收到的文件要求在五天内传阅完毕，休假的员工在上班后三天内签阅完毕，确保全体员工及时了解有关信息。

【知识巩固】

多选题

1. 收到的文件要求在（　　　）内传阅完毕，休假的员工在上班后（　　　）内签阅完毕，确保全体员工及时了解有关信息。

A. 两天　　　　　　　B. 三天　　　　　　　C. 五天　　　　　　　D. 七天

2. 安全管理类文件盒中应收纳（　　　）。

A. 安全制度文件　　　B. 安全网络文件　　　C. 应急处置文件　　　D. 应急演练文件

项目三

城市轨道交通车站人员管理

【项目导入】

"谈心谈话"到底谈点啥？怎么谈？党建交流：把谈心谈话工作做到家

上海地铁 6 号线客运第三党支部从 2017 年开始，每月、每季度坚持与员工开展谈心活动，及时了解员工思想动态，消除隐患，激发热情，收到了成效。

注重谈心的内容：

一是瞄准 8h 工作时间以外的情况。员工 8h 工作时间以外的业余时间，往往是出现问题的高发期，如家庭矛盾、个人纠纷等导致员工身心健康受到影响。各类问题的发生，不仅会影响员工工作的思想情绪，也会给家庭生活造成影响。

为了引导员工业余时间的健康活动，党支部多次进行摸底。通过观察和询问，了解职工家庭是否有突发情况、员工在外是否有经济纠纷、周围是否有赌博和吸毒等现象发生。

二是抓住近期员工关心的话题。党支部谈心谈话的内容，会随着季节热点事件的变化而变换。

如每四年的夏季，正是足球世界杯举办时间，也是赌球滋生的时期。如果参与赌球，会使人迷失心智，失去钱财，影响工作和家庭。党支部以此为主题，正面引导员工健康观球，杜绝员工借债赌球的现象发生，将赌球想法扼杀在萌芽状态。

任务一　城市轨道交通车站人员谈心谈话管理

【任务描述】

开展谈心谈话活动，可以畅通车站员工诉求渠道，掌握员工思想动态，了解员工对工作的期盼，促进员工勤奋工作、正确履职、健康成长。城市轨道交通车站人员应何时开展员工谈话？员工谈话的重点应该如何把握？

【学习目标】

知识目标	技能目标	素养目标
1. 了解员工谈心谈话的目的	1. 能够进行员工谈心谈话的分工	1. 培养学生的职业归属感
2. 了解员工谈心谈话的时机	2. 能够掌握员工谈心谈话的要求	2. 培养学生的爱"家"意识

【理论知识】

城市轨道交通车站开展各类谈心谈话的目标，一是对于工作表现突出的员工，既要肯定，又要鞭策，防止其骄傲自满；二是对于存在不足的员工，要明确指出其问题，帮助其分析原因，找出根源，提出整改方向。

一、谈心谈话时机

谈心谈话的时机非常重要，谈早了，条件不成熟；谈晚了，时过境迁。

城市轨道交通车站除进行每月固定谈话外，有下列情形之一的，必须进行谈话。

1）新提拔或有工作变动的员工。新提拔的员工或有工作变动的员工应重点关注因员工角色变化而引起的心理变化，需要通过谈话使其建立信心，从而尽快进入新岗位工作状态。

2）离职的员工。要通过谈心谈话了解离职员工的离职原因，与即将离职的员工进行坦诚交流，可以了解企业存在的问题。

3）因个人行为不当、违反规章制度等原因拟进行通报批评等行政处分的员工。

4）个人或家庭遇到困难的员工。要切身了解员工的难处，并积极帮助员工找到解决困难的方式，让员工感受到温暖。

5）月度绩效考评未达标的员工。针对绩效出现问题的员工，要通过谈心谈话帮助员工找到引发绩效较差的原因，并帮助员工找到努力的方向和目标。

6）需要进行年度绩效考评面谈的员工。

二、谈心谈话分工及具体要求

1. 谈心谈话分工

谈话原则上采取一级抓一级、分级负责的办法。例如，车站值班站长要负责车站值班员的谈心谈话。

车站要划分谈心谈话包保责任区，建立谈心谈话包保架构，并且明确谈心谈话的频率，比如，要求每月值班站长及以上人员每人负责的谈心谈话不少于 2 人次。

2. 谈心谈话具体要求

访谈内容要结合实际，有针对性，访谈后要有清晰的书面记录（表 3-1），记录内容包括谈话人、被谈话人、谈话时间、谈话地点和谈心谈话内容。

表 3-1　谈心谈话记录表

谈话人		被谈话人	
谈话时间		谈话地点	
谈心谈话内容			

注：若谈心谈话内容较多，可另附页。

除此之外，员工的谈心谈话要做好相关的保密工作，避免员工的隐私泄露，对员工造成伤害。

员工谈心谈话还要注意的是覆盖面要广。例如，某部门的要求为谈心谈话季度覆盖全员，月度覆盖重点人员。

 知识拓展

谈话技巧全国首创的"E-EAP"项目落户宁波地铁

近日，宁波轨道交通运营分公司电客车司机职业健康心理培养项目验收会暨电客车司机"知心吧"揭牌仪式在鼓楼地铁站举行，这标志着全国首创的"E-EAP"项目正式落户宁波地铁，地铁的电客车司机们有了科学管理的"心灵港湾"。

"E-EAP"项目是能够为电客车司机进行心理辅导、建立心理健康档案、追踪心理健康状况的职业健康心理培养项目。

目前，宁波地铁拥有电客车司机近 500 人。长期一人的重复作业，使他们极易产生抑郁情绪和心理问题。为了保证电客车司机的心理健康，运营分公司一方面通过专家讲座从意识上提升他们对自身心理健康的关注，另一方面通过专业的团体辅导活动，帮助他们缓解心理压力，学习自我减压的方法和技巧。在鼓楼站的"知心吧"心理辅导室还设置了涂鸦墙、书报栏、音乐吧等，让司机们能在工作之余放松心情，缓解压力。

【学习小结】

谈心谈话的重点注意事项如下：
1）要抓住谈心谈话的时机。
2）谈心谈话要分级负责，建立谈心谈话责任区。
3）谈心谈话要真实，并做好记录。
4）谈心谈话要做好保密工作。
5）要保证谈心谈话的覆盖性。

【知识巩固】

简答题

1. 请简述谈心谈话的时机。

2. 请简述谈心谈话记录的内容包括哪些。

任务二　城市轨道交通车站人员评估管理

【任务描述】

为了保证车站员工符合岗位标准，车站需对调动员工、新聘任员工在上岗前开展培训，经评估合格后方可安排其上岗。本任务将具体讲解城市轨道交通车站人员评估的各项要求。

 【学习目标】

知识目标	技能目标	素养目标
1. 了解车站评估对象 2. 掌握车站员工跟岗标准	1. 能够熟悉车站员工评估内容 2. 能够掌握车站员工评估合格标准	1. 培养正确的工作态度 2. 培养学生爱岗敬业的精神

 【理论知识】

一、评估对象

评估对象包括新晋升人员、调站人员、重新上岗人员［指已聘站务系列岗位，但因特殊原因（如产假、长期病假、借调等）离开本岗位一个月及以上，重新回到原岗位工作的员工］。

二、跟岗标准

1. 新晋升人员

客运值班员及以上岗位需跟岗 4 个班（白班、夜班各 2 个），站务员岗位需跟岗 2 个班（售票、站台巡视各 1 个），跟岗期间各站需指定带教人员，由带教人员进行相关业务知识培训。

2. 调站、轮岗人员

站务员岗位需跟岗 1 个班；值班员及以上岗位：非联锁站调往联锁站且担任行车值班员及以上岗位的需跟岗 4 个班（白班、夜班各 2 个），其他情况的需跟岗 2 个班（白班、夜班各 1 个）。

3. 转岗、转线及复岗人员

转岗、转线及复岗员工的鉴定、评估工作按照各岗位的具体要求规定执行。

三、评估内容及评估合格标准

1. 评估内容

评估内容应包含人工办理进路、电话闭塞组织行车等站务专业核心技能项目。

2. 评估合格标准

联锁站、有岔站和有防淹门车站行车值班员/值班站长岗位：常规项需 90 分（共 100 分），附加项需全部合格；其余岗位：90 分合格。

四、评估的其他要求

1）站务员岗位的评估由站区长指定的值班站长负责，值班员及值班站长岗位的评估由站区管理人员及业务技术人员负责。

2）制订详细的××岗位实操技能评估表，评估人与被评估人均要亲自签名确认，评估合格后方可安排独立上岗。

3）经评估不合格的员工不得安排独立上岗，需再安排一个周期跟岗学习。再次评估仍未达合格标准的员工，应上报上级部门研究处理结果。

4）评估结束后需立即做好以下工作：

① 评估人填写新上岗人员技能评估成绩登记表，见表3-2，如实反映员工技能概况、存在的不足和帮助措施。

表3-2　新上岗人员技能评估成绩登记表

员工姓名		所在车站		岗位名称	
跟岗培训时间			评估时间		
带教指导人姓名			评估人姓名		
评估成绩	理论	实操		是否合格	
		常规项	附加项		
员工技能概况					
存在的不足					
帮助措施					
员工签名/日期：					
带教指导人签名/日期：					
评估人签名/日期：					
站区长签名/日期：					
备注：一式两份，一份交站区保存，另一份交车站保存					

② 由站区将评估情况向上级部门反馈。

③ 评估表和成绩登记表需于评估结束后三个工作日内交至站区保存、归档，车站（复印）留底一份，站区负责将理论和实操的评估成绩和试卷归整存档。

5）其他注意事项如下：

① 员工经评估合格后初次独立上岗，需安排业务较熟练的员工带教或搭配上岗，相互提醒监督，减少违章差错的发生。

② 安排未经评估合格的员工上岗的，发生事故/事件时，追究管理责任。

💡 知识拓展

"跟岗实习结束，我就能正式进入成都地铁工作了！"

"跟岗实习结束，我就能正式进入成都地铁工作了！"

近日，成都市技师学院运输 1 班学生小邓与家人分享了这一喜悦。经过三年的校内理论、实践学习和企业跟岗实习，她已经成长为了一名优秀的"准地铁人"，职业理想一步步照进现实。

《中华人民共和国职业教育法》指出："职业学校、职业培训机构实施职业教育应当注重产教融合，实行校企合作。"

在职业教育活动周，在成都轨道集团举办的成都市技师学院校园内，你可以看到产教融合的景象。成都市技师学院已实现校企无缝衔接、产教深度融合、学生"毕业即就业"，累计向成都地铁运营一线输送高技能人才近 2000 人。

挂牌成立以来，成都市技师学院依托国企资源优势，针对"产教融而不合、校企合作不深不实"的行业痛点、堵点，以企业实际需求为导向培养技能人才，打造出产教融合的"新范本"。

📚 【学习小结】

车站员工评估的重点事项如下：

1）新晋升人员、调站人员、重新上岗人员［指已聘站务系列岗位，但因特殊原因（如产假、长期病假、借调等）离开本岗位一个月及以上，重新回到原岗位工作的员工］。

2）员工上岗前需满足相应的跟岗要求。

3）员工必须完成评估并做好记录方可上岗。

【知识巩固】

选择题

1. 新晋升客运值班员及以上岗位需跟岗（　　）个班。

A. 5　　　　　　　　B. 4　　　　　　　　C. 2　　　　　　　　D. 1

2. 评估表和成绩登记表需于评估结束后（　　）内交至站区保存、归档。

A. 当日　　　　　　B. 三天　　　　　　C. 三个工作日　　　D. 一周

项目四

城市轨道交通车站运营生产管理

【项目导入】

初入地铁的"萌新"站务员　你们了解你们的工作了吗?

　　"五一小长假即将来临,结合市民假期出行及返程需求,节日前一天及节假日最后两天,地铁线网各线路延长运营服务时间 50~60min,地铁服务热线延时服务至凌晨 1 点。"

　　"国庆长假期间,地铁线网各线路延长运营服务时间 50~60min,地铁服务热线延时服务至凌晨 1 点。市民乘客可通过地铁电视、成都地铁官方 App、微博、微信、站内告示等途径了解延时服务信息。"

　　"暴雨天气,地铁加强出入口积水清扫,做好雨天巡视引导;同时,在站厅、站台、楼梯口、自动扶梯口等易滑处,设置防滑垫,摆放警示牌,防止乘客滑倒摔伤。"

　　"地铁志愿者们的身影和站务员一起不断在车站穿梭,全方位车站巡视不放过任何一个角落,提供暖心服务,为乘客排忧解难……'志愿红'和'地铁蓝'同在,为市民乘客的每一次出行护航。"

　　初入地铁大家庭的各位"萌新"站务员们,经过入职培训,熟悉了上述常见宣传文案,大家都知道了地铁要确保安全、准点地运行,但你们知道它是怎样实现的吗?

任务一　城市轨道交通车站生产信息管理

【任务描述】

　　城市轨道交通车站每日运营涉及各种生产信息,那么生产信息包括什么?又需要如何管理呢?

【学习目标】

知识目标	技能目标	素养目标
1. 了解车站生产信息分类分级及报送形式	1. 能够按报送接口完成不同类别生产信息报送	1. 培养学生严谨的工作态度

（续）

知识目标	技能目标	素养目标
2. 了解车站生产信息报送原则及总体要求	2. 能够掌握换乘站生产信息报送责任界定 3. 能够掌握车站信息报送环节及相应内容	2. 培养学生对工作有始有终的责任意识

【理论知识】

城市轨道交通企业运营生产期间不断产生大量生产信息，只有对各类信息进行充分管理，确保信息单向或双向及时传递，才能使车站运营生产更加顺畅、安全。基于此，一旦发生影响生产的事件，城市轨道交通车站必须遵循完善、严谨的生产信息管理制度和标准，及时完成准确的信息沟通。

一、生产信息分类分级及报送形式

生产信息一般根据事件属性、影响程度、报送对象的不同，由重到轻分为 A、B、C、D 四类，其他信息由信息发布部门预判影响后发布，发布部门有权根据预判调整发布等级及范围。信息报送形式分为发布信息和电话报送两种。生产信息等级、类别及报送形式见表 4-1。

表 4-1　生产信息等级、类别及报送形式

等级	生产信息种类	报送形式
A 类	1）预计地铁延误行车 15min（含）以上，有轨电车延误行车 30min（含）以上 2）临时封闭车站 3）外部消防力量介入或已引起乘客恐慌的消防事件 4）地铁隧道被击穿事件 5）区间疏散乘客、启动公交接驳、乘客踩踏等，严重扰乱运营秩序的事件 6）正线列车救援、挤岔、脱轨、颠覆、冲突、分离、撞击等事件 7）正线线路发生下沉、隧道结构变形（坍塌）、钢轨严重断裂等事件 8）隧道瓦斯浓度报警、汛情、火情等事件或设备故障造成行车中断、停运等，严重影响运营的事件 9）铁路、机场大面积延误，旅客滞留，需要地铁延时运营或非运营时段转运乘客 10）因故障造成单线两个及以上主所同时退出运行 11）运营造成人员重伤、死亡；运营改扩建及自建项目造成人员失联、失踪、死亡、3 人以上重伤或社会人员重伤的事件 12）到省市政府非正常上访或 10 人以上到信访部门集访 13）公共安全类事件，影响运营秩序的治安事件，或其他有 110、119、120 介入的重大事件 14）重大突发事件或意识形态问题，开始出现网民关注且舆情有持续升温趋势；网络信息涉及敏感热点问题，网络平台已出现较多讨论及质疑、偏激言论，且出现扩散趋势，舆情升温明显，存在可能危及社会稳定的风险	发布信息及电话报送 电话报送

（续）

等级	生产信息种类	报送形式
A类	15）接到毒气、爆炸、暴力、恐怖袭击等影响地铁公共安全的恐吓信息 16）出现传染病疫情、群体性不明原因疾病，以及其他严重影响公众健康和生命安全的公共卫生事件 17）运营改扩建及自建项目发生群体性阻工事件 18）运营改扩建及自建项目造成建（构）筑物沉降、坍塌、开裂，需要启动人员转移安置的事件 19）运营改扩建及自建项目造成燃气、给排水、电力、通信干管和道路交通干道等中断的事件 20）敏感时间、敏感地点、敏感人群发生的有必要上报的敏感事件 21）严重影响运营的网络安全事件，例如对外信息平台遭受网络攻击，导致信息泄漏、非法有害信息传播，对社会影响较大，或地铁重要生产运营系统遭受网络攻击，影响行车安全 22）其他有必要按A类生产信息报送的严重事件	电话报送
B类	1）预计地铁延误行车5（含）~15min，有轨电车延误行车10（含）~30min	发布信息及电话报送
B类	2）运营期间，临时关闭车站出入口 3）所辖区域发生起火冒烟，但外部消防未介入的事件 4）因设备故障接触网采用非正常供电方式，或主所、中压环网单电源供电，造成运输能力明显降低 5）造成载客列车越站通过、非常态化小交路运行等，对运营影响较大的设备故障、突发事件 6）铁路、机场大面积延误，旅客滞留，地铁运营期间转运 7）因故障导致单线单个主所退出运行 8）0.3%≤隧道瓦斯浓度<0.5% 9）有轨电车与社会车辆、行人发生交通事故，对运营影响较大 10）造成人员轻伤的事件（不含客伤）；运营改扩建及自建项目造成1人以上3人以下重伤的事件 11）未影响正常运营秩序的治安事件 12）5人以上10人以下到信访部门集访的事件 13）所涉突发事件或网络事件为敏感、热点问题，在网络平台引发关注和讨论，出现少量偏激、失实言论，舆情有升温趋势 14）运营改扩建及自建项目造成建（构）筑物局部沉降、开裂，达到红色预警级别的 15）运营改扩建及自建项目造成管线破坏和道路交通局部中断的事件 16）其他有必要按B类生产信息报送的较大事件	电话报送
C类	1）载客列车清客、重启中央计算机（CC）、列车在区间车门被解锁或切除等，对正线运营（行车效率、客运秩序）造成一定影响的故障、突发事件 2）整侧站台门无法开启或关闭（6节编组7道及以上，8节编组9道及以上） 3）运营期间，出现接触网异物	发布信息及电话报送
C类	4）因设备故障、突发大客流等异常，造成车站进闸或出闸能力不足、较多乘客通行不畅或滞留等，采取开边门放行、客流控制等措施缓解客流压力 5）因设备故障，导致接触网采用非正常供电方式（例如越区供电、单边供电、单馈线供电、迁回供电），或主所、中压环网单电源供电 6）运营期间，1500V直流馈线断路器自动重合闸成功，接触网瞬时失电，或27.5kV牵引变切换 7）运营期间，地下站或夜间高架站正常照明全部熄灭	电话报送

（续）

等级	生产信息种类	报送形式
C 类	8）119 支援处置的非消防类事件，例如垂直电梯困人、安检机或自动扶梯夹人 9）全线车站广播、PIS 故障 10）重污染天气预警、成都市的气象预警信息 11）地铁公安、110、120 等社会力量介入处理，但对运营无影响或影响较小的事件，如乘客携带违禁品、乘客纠纷、肢体冲突，乘客因自身原因晕倒、受伤，出现偷盗等 12）所辖范围发生人员上访、讨薪、拉横幅、举手举牌、打标语，或所辖范围内当事人情绪激动、行为过激并有伤人、伤己、损坏公共设备设施等倾向 13）所辖范围发生客伤纠纷 14）所辖范围内涉及外籍、宗教人士等特殊身份人员的事件，但未对运营造成影响 15）发生于地铁公共区或地铁与外部接口区域，可能引发舆情或信息倒流的事件 16）其他有必要按 C 类生产信息报送的重要事件	电话报送
D 类	除 A、B、C 类生产信息外，其余为 D 类生产信息	

二、生产信息报送标准

1. 生产信息报送原则

1）整体遵从"信息全报、分级处理"以及"10min 首报、40min 书面报"的要求，过程中坚持"首报要快、续报要准、终报要全"以及"边处置边报告、边核实边报告"的原则（现场 3min）。

2）短信、微信发布遵循"速报现象、慎报原因、后续补充"的原则。

3）电话报告遵循简明扼要、迅速准确、逐级上报的原则。

2. 生产信息报送总体要求

（1）及时性 对尚未完全掌握情况的突发事件，应先快报事实，再跟进补充，坚决杜绝瞒报、谎报、漏报等现象。

（2）完整性 报送人员需按照信息收集汇报的内容全方位收集信息，保证信息的完整性。

（3）准确性 应加强对信息的判断，防止断章取义，误报重要信息。通过交叉核实、现场核实、第三方核实等方式，可以保证信息对称，提高报送信息的精准度。

（4）实时性 线网指挥中心应按照事件变化情况，调整信息报送范围。安全部应根据事件发展及时组织报送书面材料。

（5）信息闭环 各类突发事件处置完毕后，车站须立即向线网指挥中心报送相关信息，并做好突发事件信息书面材料报送工作。线网指挥中心在汇总各方信息后，应及时发布事件处置完毕及恢复正常运营秩序信息。

（6）保密性 公司所涉及的突发事件信息为涉密信息的，除按规定需对外报送的外，未经允许，不得外传。

3. 生产信息收集汇报内容

生产信息收集汇报内容：发生时间，地点，主体，事件概况，对线网运营（行车、客运）的影响，人员伤亡及车辆、线路等设备损坏情况，是否影响邻线行车，是否需要救援，采取措施，应当报告的其他事项。

4. 生产信息报送接口

车站发生故障、突发事件，涉及或影响人身安全、设备安全、行车安全、运营秩序、治安维稳等情况时，站务人员应报告线网指挥中心。此外，未影响运营质量的终端管辖设备故障应报告给生产调度中心（图4-1）。详细报送接口见表4-2。

表4-2　车站生产信息报送接口

类型	范围	报送接口
行车类：涉及或影响行车安全或运营秩序的设备故障、突发事件	包括但不限于以下情况：轨行区异物、设备侵限，车门、站台门夹人夹物，站台门故障，紧停按钮激活，信号设备显示异常，通信系统中断，IBP异常，车站公共区起火冒烟或发生火灾，出入口异常关闭，列车夹人走车或将人关在车门与站台门之间走车，恐怖袭击、毒气袭击、爆炸、挟持人质等公共安全事件，地面沉降，车站进水积水，突发大客流，轨行区进人或疑似进人，防淹门、人防门报警，停站列车车厢内乘客骚乱，施工组织异常	行车调度
电环类：涉及或影响行车安全或运营秩序的电环类设备故障	包含但不限于以下情况：正线、车站防排烟系统（含事故通风）故障，区间给排水系统故障，综合监控系统显示异常、通信中断，火灾自动报警系统故障（含气灭、水消），空调、过渡季冷水机组故障，车站正常照明失电，车站、区间设备区域起火冒烟，自动灭火系统启动	电力调度
客服类：除行车、电环外，涉及或影响客运服务、治安、上访涉稳的事件	包括但不限于以下情况：上级部门要求临时关闭出入口、非常态化客流控制措施，乘客纠纷、打架斗殴等治安类事件，群众上访、静坐示威、集体游行等涉稳事件，自动扶梯故障或安检机故障影响客运服务，客伤纠纷，车站滴水漏水，TVM及BOM故障导致售票能力不足，有110、119、120等社会资源、政府力量介入的乘客事件	信息（乘客）调度
终端类：车站终端管辖设备发生故障但未影响运营质量的事件	包括但不限于以下情况：车站机电终端设备故障，地砖破裂，票务设备故障未影响售票、进出闸能力，自动扶梯故障或安检机故障未影响客运服务，广告照明异常，车站装饰装修损坏	生产调度

5. 换乘站生产信息报送责任界定

换乘站的相关生产信息报送基于各单位已提前明确的换乘站各线路管辖区域及设备归属，在此基础上按以下两项要求完成责任划归。

1）换乘站范围内发生设备故障或应急事件时，原则上由事发区域管辖线路或设备所属线路的站务人员按要求将事件信息报送至线路对应运营控制中心（OCC）（图4-2）。影响或可能影响其他线路时，线网指挥中心内部及换乘站各线均需做好信息共享。

2）换乘站站厅、联络通道、出入口等接口区域，发生同时影响多条线路的应急事件时，由划分线路的站务人员及对应 OCC 主导信息报送。

图 4-1　调度 24h 不停歇保障安全生产

图 4-2　换乘站由划归车站站务人员完成相关信息报送

6. 生产信息报送环节

信息报送分为信息首报、续报及终报，车站需按要求完成信息的首报、续报、终报，以确保信息闭环。

信息首报是指故障（事件）发生后对故障初期的信息进行通报，包含时间、地点、主体、事件概况（故障现象）、影响范围、采取措施六大要素。

信息续报是指在信息首报后至故障恢复期间，对事态发展、人员到位情况、处置进展、行车调整等相关信息的跟进报送。

信息终报是指影响消除、恢复正常运营、突发事件结束等闭环节点的报送。

若事件处置主体变更导致无法完成信息的跟踪闭环时，需及时告知线网指挥中心，后续由事件处置单位主动联系线网指挥中心，完成信息续报及终报。

 知识拓展

换乘站的信息怎么报？

车站人员应具备良好的地铁车站信息报送意识，熟悉各生产信息等级、类别、报送形式及报送接口，必须清楚生产信息报送责任界定，才能在事件发生后第一时间准确判定并应急反应，准确报送。

换乘站涉及不同线路，每条线路的站务人员在上述基础上，还必须清楚自己所属线路管线的具体区域和设备，如某换乘站涉及的 A 线路、B 线路分别负责该车站站厅的哪些区域，哪些设备，必须非常准确，以便养成明确的责任警惕性，保证反应速度。

例如，某换乘车站 A 线路站台发生行车故障，引发延误及其他相关生产信息，则 A 线路车控室相关值班员必须完成生产信息首报。首先判断该事件所属类型，是行车、电环、客服，还是终端？根据该事件涉及的不同类别影响，相应在 3min 内将"时间、地点、主体、事件概况（故障现象）、影响范围、采取措施"六个要素信息电话报送不同的接口：优先报行车调度，若现场判定会造成车站大客流，则报信息调度；若判定涉及公共安全，则同步报公安部门。还要灵活根据事件具体情况判定是否第一时间报生产调度、服务热线（企业微信报）。与此同时，值班站长现场指挥协调，完成领导线信息报送，电话报站区应急值班人员，视情况与站区长电话请示、商量。由应急值班人员决定是否电话报送给分公司相关部门应急值班人员，完成信息逐级上报。

在完成首报后，A 车站站务人员继续追踪现场细节，根据事态具体发展、人员到位情况、处置后的进展结果等，第一时间跟进相应接口的电话报送。

若 A 车站最终完全消除了事件的影响，反复确认排除后续隐患问题，确认全部恢复正常运营后，则应立即对相应接口完成电话终报。

【学习小结】

1. 生产信息分类分级及报送形式

生产信息一般根据事件属性、影响程度、报送对象的不同，由重到轻分为 A、B、C、D 四类。信息报送形式分为发布信息和电话报送两种。

2. 生产信息报送总体要求

1）及时性。

2）完整性。

3）准确性。

4）实时性。

5）信息闭环。

6）保密性。

3. 生产信息收集汇报内容

发生时间，地点，主体，事件概况，对线网运营（行车、客运）的影响，人员伤亡及车辆、线路等设备损坏情况，是否影响邻线行车，是否需要救援，采取措施，应当报告的其他事项。

4. 生产信息报送接口

1）行车类（涉及或影响行车安全或运营秩序的设备故障、突发事件）信息报行车调度。

2）电环类（涉及或影响行车安全或运营秩序的电环类设备故障）信息报电力调度。

3）客服类（除行车、电环外，涉及或影响客运服务、治安、上访涉稳的事件）信息报信息（乘客）调度。

4）终端类（车站终端管辖设备发生故障但未影响运营质量的事件）信息报生产调度。

5. 换乘站生产信息报送责任界定

换乘站相关生产信息报送基于各单位已提前明确的换乘站各线路管辖区域及设备归属，在此基础上由责任划归的车站相关人员完成信息报送。

6. 生产信息报送环节

信息报送分为信息首报、续报及终报，车站需按要求完成信息的首报、续报、终报，以确保信息闭环。

【知识巩固】

一、选择题

1. "接到毒气、爆炸、暴力、恐怖袭击等影响地铁公共安全的恐吓信息"属于（　　）类生产信息。

A. A   B. B

C. C   D. D

2. "因设备故障、突发大客流等异常，造成车站进闸或出闸能力不足、较多乘客通行不畅或滞留等，采取开边门放行、客流控制等措施缓解客流压力"时，车站需（　　）。

A. 发布信息   B. 电话报送

C. 发布信息及电话报送   D. 车站自行快速处理

3. 生产信息报送过程中需遵循（　　）原则。

A. 首报要快   B. 续报要准

C. 终报要全   D. 边处置边报告、边核实边报告

4. "报送人员需按照信息收集汇报的内容全方位收集信息"是指生产信息报送的（　　）。

A. 准确性   B. 完整性

C. 及时性   D. 保密性

5. "对尚未完全掌握情况的突发事件，先快报事实，再跟进补充，坚决杜绝瞒报、谎报、漏报等现象"是指生产信息报送的（　　）。

A. 及时性   B. 准确性

C. 实时性   D. 完整性

6. 车站、区间设备区域起火冒烟，应报（　　　）。

A. 行车调度   B. 电力调度

C. 乘客调度   D. 生产调度

7. 换乘站报送生产信息的前提是，各单位已提前明确各线路管辖区域及（　　　）归属。

A. 人员   B. 设备

C. 线路   D. 信息

8. 信息报送分为（　　　）。

A. 信息首报   B. 信息续报

C. 信息终报   D. 信息闭环

二、简答题

1. 请简述车站生产信息报送总体要求。

2. 请简述车站各类生产信息报送接口。

任务二　城市轨道交通车站巡视管理

【任务描述】

城市轨道交通车站每日运营期间，除了安排足够的站务人员在相关岗位完成站务服务工作外，车站还需要派员工对车站进行全面巡视。那么车站为什么需要巡视？巡视工作到底由谁负责？相关人员又应如何巡视呢？

【学习目标】

知识目标	技能目标	素养目标
1. 了解车站巡视的目的 2. 了解车站巡视工作的基本要求	1. 能够掌握车站巡视内容及各岗位人员详细职责 2. 能够按岗位要求正确完成各项巡视 3. 能够掌握车站不同巡视方式和人员要求 4. 能够掌握巡视期间安全要求	1. 培养学生主动服务的工作意识 2. 培养学生的安全意识

【理论知识】

一、巡视目的

巡视目的是督促各岗位落实相关责任，排除安全隐患，确保车站各项工作正常开展，如图 4-3 所示。

图 4-3　常态化巡视确保运营安全

二、巡视基本要求

1. 认真

巡视人员必须以认真负责的态度巡视每个角落和所管辖的范围。

2. 细致

应从细微处着手，做到防微杜渐，从看、摸、嗅、听四觉入手。

3. 周全

岗位内的设备、设施、告示牌乃至螺钉都应检查，站台岗应做到三步一回头。

4. 及时

应巡视及时，记录汇报及时，处理及时。

5. 真实

填写台账必须真实，不能弄虚作假，发现问题应及时跟进，完成后应签名确认。

三、巡视方式及人员

车站巡视采用视频巡视和人工巡视相结合的方式，有条件的优先采用视频巡视。视频巡视由车站值班员及以上岗位人员负责（图4-4和图4-5）；人工巡视由车站各岗位指定人员负责，车站每日全区域人工巡视应不少于4次。

图4-4　车站严格、科学地完成视频巡视

图4-5　视频巡视由车站值班员及以上岗位人员负责

四、巡视内容

1. 通用巡视内容

1）确认消防设备设施的状态，包括确认消火栓、灭火器箱上的封条是否完好，对于破封的要检查里面的设备是否齐全（图4-6）。

2）确认自动扶梯运行是否正常，包括确认自动扶梯有无异响，梯级上有无异物等。

3）帮助乘客，特别注意帮助老、弱、病、有困难及伤残的乘客（图4-7），回答乘客询问，给予乘客正确的指引，如遇自己不懂的问题可向其他同事请教，然后为乘客解答。

图4-6　值班站长巡视消防设备设施状态

图4-7　巡视并帮助困难乘客

4）留意乘客携带的物品，若发现乘客携带违反地铁管理条例的物品（"三品"、超长、超重物品等），要及时劝其改乘其他交通工具，并对乘客耐心解释。

5）留意是否有精神异常、酗酒的乘客，禁止其进站乘车，及时向车控室汇报，必要时请求警务人员或其他同事协助并注意自我保护。

6）留意是否有故意损坏或偷窃车站设备设施的人，发现后应及时制止，留下肇事人。

7）巡视各种设备设施、告示、贴纸、宣传栏等的状态，发现问题及时报车控室。

8）留意地面卫生，通知保洁人员及时清理水渍、杂物等，设置警示牌，防止乘客摔倒。

2. 值班站长巡视内容

（1）站线巡视工作　查看有无施工遗留物品，查看站线有无物品侵入限界及其他有可能影响行车安全的情况。

（2）早间巡视　检查售票岗位是否做好售票准备，是否打开验钞灯、对讲器；检查售票员是否对 BOM 及时签到；检查广播设备是否正常；检查职工到岗情况；检查职工开门运营前的各项准备工作情况。

（3）日常检查　检查安全情况；检查票务及台账，检查售票岗位台账填记、签认情况，对漏填、误填的项目要指定责任人及时进行整改，签字确认；检查行车报表的填写；检查内务、岗位纪律；检查服务规范；检查卫生；检查车站设施设备；检查数据上传情况；检查整理班组台账；检查安检员、保洁员签到和考勤填记情况。

（4）每日各岗位巡视不少于三次

1）检查安全情况。主要包括消防安全，车站用电安全，车站抢险器材、岗位备品及客运组织情况等。

2）检查票务及台账。主要包括售、检票员的台账填写，是否执行票务相关规定，票款账相符情况。

3）认真确认车控室行车日志和报表的填写情况。

4）检查岗位纪律。主要包括班组员工岗位纪律执行情况，保安、保洁人员岗位纪律执行情况，发现问题要现场指正、认真记录并纳入考核。

5）检查服务规范。主要包括各岗位是否执行本岗位作业程序，班组员工服务规范执行情况是否符合岗位形象标准、岗位举止标准、服务态度标准。

6）检查卫生状况。值班站长检查车站公共卫生、各房间的内务卫生、设备设施的完好情况。

3. 值班员巡视内容

（1）行车值班员巡视内容

1）检查车站列车自动监控系统/现地控制工作站（ATS/LCW）集成工作站、综合监控系统、火灾自动报警系统（FAS）等设备有无异常状况；检查行车报表、备品是否齐全；检查时钟是否准确。

2）检查施工检修人员登记注销情况，接收其他岗位人员巡视情况汇报。

3）发现异常情况应及时汇报行调及相关部门，并按行调指示办理。

（2）客运值班员巡视内容

1）做好 AFC 设备的巡视，检查 TVM、BOM、闸机（AG）、车站计算机（SC）等设备是否正常。

2）对各售票岗位作业情况进行检查。

3）通过监控系统录像检查前日票务管理室内作业情况。

4. 售票岗巡视内容

1）运营前检查检票厅卫生和售票设备状态，检查责任区内卫生，检查灭火器、岗位备品及抢险器材的状态。

2）定期检查责任区内卫生，检查灭火器、岗位备品、用电设施及抢险器材的状态。

3）结束运营后应切断售票室内电器电源，恢复售票室区内卫生。

5. 厅巡岗巡视内容

1）留意站厅乘客购票的情况，引导不能正常进出闸机的乘客到票务中心处理，发现有排长队或大客流情况时，要及时做好乘客的引导并报告车控室。

2）引导乘客正确操作 AFC 设备，巡视 AFC 设备的状态，发现异常应及时报车控室，并在故障设备上放置警示牌。

3）检查乘客使用特种车票情况，抽查使用特种车票的乘客是否符合规定，发现不按规定使用者按章处理。

4）按规定定时对出站闸机进行检查（图 4-8），发现有单程票遗留的要及时投放到单程票回收箱，防止单程票流失。

5）留意出入口和通道内是否有违反地铁管理条例的情况，发现后应及时制止并报车控室。

图 4-8　站务员定时检查出站闸机

6. 站台岗巡视内容

1）检查站台门的状态，包括站台门上的顶箱前盖板是否锁闭、站台门和端门是否正常关闭等，检查其他与站台门安全有关的设施。

2）留意站台乘客的候车动态，及时提醒特殊乘客注意安全（如对不便乘坐自动扶梯的乘客提醒其走楼梯，提醒乘客不要倚靠站台门等）。

3）末班车到达车站后，确定末班车上的乘客已全部下车，并进行清站工作，保证车站的每个角落都没有滞留的乘客。

五、巡视人员安全意识

1）巡视人员须持对讲机（图4-9），并在巡视前和巡视后及时通知行车值班员，并注意做好个人安全防护。

图4-9　巡视人员须持对讲机同步保持信息及时沟通

2）巡视发现问题自身不能解决时，应及时报告行车值班员，由行车值班员安排其他人处理，严禁与外部人员发生冲突而导致事件的升级。

3）出入口外地面治安环境不好的，员工巡视时需高度警觉，尽量两个员工一起行动。

 知识拓展

地铁站里的这个蹲下动作让人感受到了服务的温度

近日，一张图片（图4-10）打动了许多人：一名老人蹲在地铁站站台，倚靠着背篓埋着头，一位地铁站务小哥蹲在一旁陪伴。事情发生在成都地铁1号线华府大道站，站务员小胡巡视时发现一名老年女性乘客明显身体不适，立即上前询问是否需要帮助，老人称自己只是有点感冒加上路途劳累，有些不舒服。小胡通知车控室送来了一杯热水，等待列车到站停稳后帮助该名乘客将背篓搬上车并寻到一处座位。而小胡蹲下身关怀老人的这一幕，被其他乘客悄悄拍照记录了下来。一个小小的"蹲下"动作、一句关怀、一杯热水，折射出了服务的温度。

图 4-10 站务人员及时帮助身体不适乘客

【学习小结】

1. 巡视目的

督促各岗位落实相关责任，排除安全隐患，确保车站各项工作正常开展。

2. 巡视基本要求

1）认真。

2）细致。

3）周全。

4）及时。

5）真实。

3. 巡视内容

1）车站通用巡视内容。

① 确认消防设备设施的状态，包括确认消火栓、灭火器箱上的封条是否完好，对于破封的要检查里面的设备是否齐全。

② 确认自动扶梯运行是否正常，包括确认自动扶梯有无异响，梯级上有无异物等。

③ 帮助乘客，特别注意帮助老、弱、病、有困难及伤残的乘客，回答乘客询问，给予乘客正确的指引，如遇自己不懂的问题可向其他同事请教，然后为乘客解答。

④ 留意乘客携带的物品，若发现乘客携带违反地铁管理条例的物品（"三品"、超长、超重物品等），要及时劝其改乘其他交通工具，并对乘客耐心解释。

⑤ 留意是否有精神异常、酗酒的乘客，禁止其进站乘车，及时向车控室汇报，必要时请求警务人员或其他同事协助并注意自我保护。

⑥ 留意是否有故意损坏或偷窃车站设备设施的人，发现后应及时制止，留下肇事人。

⑦ 巡视各种设备设施、告示、贴纸、宣传栏等的状态，发现问题及时报车控室。

⑧ 留意地面卫生，通知保洁人员及时清理水渍、杂物等，设置警示牌，防止乘客摔倒。

2）值班站长、值班员、站务员岗按岗位职责跟进巡视。

4. 巡视人员安全意识

1）巡视人员须持对讲机，并在巡视前和巡视后及时通知行车值班员，并注意做好个人安全防护。

2）巡视发现问题自身不能解决时，应及时报告行车值班员，由行车值班员安排其他人处理，严禁与外部人员发生冲突而导致事件的升级。

3）出入口外地面治安环境不好的，员工巡视时需高度警觉，尽量两个员工一起行动。

【知识巩固】

一、选择题

1. 车站巡视工作的目的是（　　　）。

A. 督促各岗位落实相关责任

B. 排除安全隐患

C. 确保车站各项工作正常开展

D. 应对上级检查

2. 巡视时需"从细微处着手，做到防微杜渐，从看、摸、嗅、听四觉入手"，体现了巡视的（　　　）的要求。

　A. 认真　　　　　B. 细致　　　　　C. 周全　　　　　D. 及时

3. "帮助乘客，特别注意帮助老、弱、病、有困难及伤残的乘客，回答乘客询问，给予乘客正确的指引，如遇自己不懂的问题可向其他同事请教然后为乘客解答"是（　　　）岗位的巡视职责。

　A. 值班站长　　　B. 值班员　　　　C. 厅巡岗　　　　D. 站台岗

4. 视频巡视由（　　）负责。

A. 值班站长　　　　B. 值班员　　　　C. 站务员　　　　D. 安保人员

5. 以下（　　）不属于通用巡视内容。

A. 留意乘客携带的物品　　　　　　　B. 留意异常乘客

C. 留意地面卫生　　　　　　　　　　D. 留意站台门状态

6. 以下（　　）属于值班站长巡视内容。

A. 站线状态　　　　　　　　　　　　B. 消防安全

C. 票务及台账　　　　　　　　　　　D. 站务人员岗位形象标准

二、简答题

1. 请简述车站通用巡视内容。

2. 请简述巡视人员需具备哪些安全意识和行为。

任务三　城市轨道交通车站运营前检查

【任务描述】

　　每天清晨，各城市轨道交通车站都会照常开门运营，而在其开始运营前，都要进行一系列检查，那么车站的运营前检查工作到底包含哪些内容，又是如何组织的呢？

【学习目标】

知识目标	技能目标	素养目标
1. 了解车站运营前各项检查工作相关责任人 2. 掌握车站运营前详细检查内容	1. 能够了解运营前检查联控用语 2. 能够按要求完成运营前检查	1. 培养学生的岗位责任感 2. 培养学生爱岗敬业的精神

【理论知识】

一、运营前检查人员

原则上，车站运营前检查工作由值班站长与行车值班员共同完成。

二、运营前检查内容

城市轨道交通运营依托于严格的安全标准和检查制度，所以每个车站运营前必须完成一系列严谨的检查，才能确保行车安全，进而才能保证为乘客提供正常、安全、便捷的服务。

1. 确保站内线路施工结束、线路出清、无异物侵入限界

1）行车值班员与值班站长应共同核实所有施工已全部结束，人员出清。

2）值班站长应带齐备品，做好运营前检查准备工作。到站台确认线路出清情况（须到端门外进行观察，但不用下线路）。若有回段的工程车/轨道车/调试列车开行，则待其离开后再检查。在检查完线路后，出现加开列车或有临时线路抢修作业时，列车通过或作业完毕后，值班站长必须再次确认线路出清情况。

2. 检查站台门

系统检查站台门的状态，由行车值班员与值班站长共同完成，其中，行车值班员在车控室操作 IBP 进行检查，值班站长在站台通过就地控制盘（PSL）进行检查，同时，两个岗位需要进行联控。

3. 检查车站 ATS/LCW 集成工作站

1）行车值班员应核查记录和其他标识，确认本站使用钩锁器钩锁道岔的情况，防止转动已加钩锁器的道岔。

2）行车值班员向行调申请车站列车自动监控系统（ATS）工作站控制权，经行调同意后可进行转换道岔操作与排列进路检查。未经行调允许，严禁操作。

3）行车值班员应按规定对本联锁区内需检查的每个道岔转动一个来回（现场已使用钩锁器加锁的道岔禁止转动），确保道岔可以正常转动。

4）行车值班员应按规定排列所需检查进路至少各 1 次，确认各进路可正常排列，信号可正常开放。

5）转换道岔或排列进路时必须执行信号设备操作规定，按照顺序进行操作，避免遗漏检查，必须待上一个命令执行成功后，方可执行下一个命令。

6）在检查确认车站 ATS 工作站正常后，须按相关要求恢复当日运营所需的设备状态，行车值班员和值班站长应共同确认无误。

4. 检查设备、备品和人员情况

1）行车值班员应通过调度命令确认线路已送电。

2）行车值班员应检查各类环控、供电、机电、自动化的设备和系统是否正常，确认已达到运营要求。

3）行车值班员应检查行车备品。

4）行车值班员应检查人员到岗情况。

5. 配合 OCC 进行运营前检查

1）行车值班员应与行调核对时间和当日运营时刻表。

2）行车值班员应按《行车组织规则》的要求向行调汇报本站运营前准备情况，包括人员到岗情况、线路是否出清、站台门是否正常、车站 ATS/LCW 集成工作站是否正常以及其他有必要汇报的内容。

6. 其他准备工作和事项

1）按时执行开站程序。

2）值班站长须将运营前检查结果按要求做好记录。

3）涉及行车、票务、服务及其他检查工作的具体操作程序，按相关规定执行。

7. 开站前巡查注意事项

1）值班站长应在首班载客列车到站前 20min 完成自动扶梯开启工作，首班载客列车到站前 15min 确认与尾班车和运营终止相关告示、备品等已撤除，并按运营需要布置新的告示等。首班载客列车到站前 10min 完成出入口开启工作，并巡视全站（图 4-11）。

图 4-11　值班站长按规定完成出入口开启工作

2）客运值班员应在首班载客列车到站前 30min 完成 TVM 加币、加票工作，并检查 AFC 设备是否处于正常运营状态，首班载客列车到站前 12min 组织早班售票员到岗。

3）行车值班员应在首班载客列车到站前 15min 启动运营时间照明、导向模式，并确认 AFC 设备处于正常运营状态。首班载客列车到站前 10min 检查自动扶梯开启状态。

三、运营前检查常用联控用语

为规范车站运营前检查联控标准，运营前检查流程需按照联控标准用语。

1. IBP 开启站台门

值班站长：车控室，在 IBP 上将××方向站台门操作开关转至开位，开启××方向站台门。

行车值班员：在 IBP 上将××方向站台门操作开关转至开位，开启××方向站台门，车控室收到。

2. IBP 关闭站台门

值班站长：车控室，在 IBP 上关闭××方向站台门。

行车值班员：在 IBP 上关闭××方向站台门，车控室收到。

3. 核对 IBP 处于"禁止"位

行车值班员：值站，IBP 操作权限已恢复至"禁止"位。

值班站长：IBP 操作权限已恢复至"禁止"位，值站收到。

4. 运检结束

值班站长：车控室，站台门功能测试无异常/××问题，轨行区无异常/××问题。

行车值班员：站台门功能测试无异常/××问题，轨行区无异常/××问题，车控室收到。

💡 知识拓展

你见过凌晨 4 点的地铁车站吗？

凌晨 4 点，当整个城市都还在"熟睡"的时候，有这样一群人为确保地铁的安全运营，开始了车站的运营前检查工作（图 4-12），无论春夏秋冬，每一天都是如此。在工作日里，你最早是几点出门？

图 4-12　车站运营前各项检查工作

图 4-12　车站运营前各项检查工作（续）

【学习小结】

1. 车站运营前检查人员

原则上由值班站长与行车值班员共同完成运营前检查工作。

2. 运营前检查内容

1）确认站内线路施工结束、线路出清、无异物侵入限界。

2）检查站台门。

3）检查车站 ATS/LCW 集成工作站。

4）检查设备、备品和人员情况。

5）配合 OCC 进行运营前检查。

6）其他准备工作和事项如下：

① 按时执行开站程序。

② 值班站长须将运营前检查结果按要求做好记录。

③ 涉及行车、票务、服务及其他检查工作的具体操作程序，按相关规定执行。

7）开站前巡查注意事项：各岗位必须按规定的时间节点提前完成岗位工作细节巡查。

【知识巩固】

一、选择题

1. 车站运营前检查工作，由值班站长与（　　　）共同完成。

A. 客运值班员　　　B. 站区长　　　　　C. 行车值班员　　　D. 站务员

2. 运营前检查中途，若碰到有回段的工程车、轨道车、调试列车开行，需（　　）。

A. 提醒他们注意安全

B. 催促他们快速离开

C. 同步检查并提醒其快速回段

D. 待其离开后再检查

3. 运营前检查工作不包含检查（　　）。

A. 站台门　　　　　　B. 设备及行车备品　　C. 车站 ATS/LCW 集成工作站

D. 人员到岗情况　　　E. 乘客意见表　　　　F. 当日运营时刻表

4. 行车值班员按规定检查本联锁区内道岔时，不正确的说法是（　　）。

A. 必须把所有的道岔都转动一个来回

B. 核查记录和其他标识，确认本站使用钩锁器钩锁道岔的情况，防止转动已加钩锁器的道岔

C. 现场已使用钩锁器加锁的道岔禁止转动

D. 转换道岔时必须执行信号设备操作规定，按照顺序进行操作，避免遗漏检查

5. 行车值班员向（　　）申请车站 ATS 工作站控制权，经同意后可进行转换道岔操作与排列进路检查。

A. 行调　　　　　　　B. 值班站长　　　　　C. 站区长　　　　　D. 司机

二、简答题

1. 请简述运营前检查"设备、备品、人员情况"的责任人及其详细检查内容。

2. 请简述行车值班员在运营前检查时需要向行调汇报的内容。

项目五

城市轨道交通车站属地管理

【项目导入】

一座车站运营的方方面面

高升桥站作为成都地铁的文明出行示范点，被冠名为"明礼车站"正式亮相。车站不仅创新礼仪文化新内涵，同时，旨在打造文明出行新风尚。车站全员以"今天说'您好'了吗"为主题，在迎接四方游客时畅说"十字"文明用语，用热情礼貌的语言提高乘客的出行体验。

任务一 城市轨道交通车站属地管理原则及范围

【任务描述】

城市轨道交通车站的日常管理包含的项目繁多，那么车站的管理包含哪些范围和内容呢？

【学习目标】

知识目标	技能目标	素养目标
1. 清楚属地管理的定义 2. 了解车站属地管理的原则	1. 能够掌握车站属地管理范围 2. 能够掌握车站属地管理巡查要求	1. 培养学生视车站如家的归属感 2. 提升学生的属地管理责任意识

【理论知识】

一、属地管理的定义

属地管理：是指对属地内的管理对象按标准和要求进行组织、协调和控制。

二、车站属地管理原则

车站范围内对驻站人员管理应遵循以下原则。

1. 属地管理原则

运营分公司代表运营公司履行属地管理职责，全面负责车站范围内日常和非正常情况下的管理工作，对安检、保安、保洁、驻站工班人员（含委外）及商业经营人员进行监督检查，发现问题时应提出整改要求并督促其整改。

2. 区域负责制管理

公司各部门、分公司要负责各自管辖区域和业务范围内的管理工作。

3. 联管联控原则

站务人员和驻站人员都有维护地铁运营安全、为乘客提供优质服务的义务，需组成联管联控属地管理网络，共同维护地铁车站安全和公司形象。

三、城市轨道交通车站属地管理范围

1. 属地管理人员

属地管理人员包括安检、保安、保洁、驻站工班人员（含委外）及商业经营人员等常驻车站人员，如图 5-1 和图 5-2 所示。

图 5-1　保洁员工

图 5-2　AFC 设备维修人员

2. 属地管理设备

属地管理设备包括车站机电终端设备、AFC 设备（含送断电操作）、装饰装修设备及其他车站设备。对这些设备的管理包括状态巡视、故障报修及故障修复。

车站属地范围内不涉及其他专业的末端设备及装饰装修零星工程的管理。

四、属地管理工作巡查处置要求

1）车站属地管理范围内发生违规外部施工行为时，应控制施工现场，通知委外单位、地保部门开展地铁保护工作，要求肇事单位恢复属地原貌。

2）车站属地管理范围内发生出入口、应急口通道堵塞、消防设施被围等安全问题时，车站人员应立即制止其行为，制订并落实解决方案，消除安全隐患。

3）车站属地管理范围内发生绿化破坏问题时，车站人员应立即制止其行为，对损坏事实做好现场取证，及时上报并由上级部门组织协调处理。

4）车站出入口 5m 范围内禁止停放车辆、乱设摊点。出现妨碍乘客通行和救援疏散等影响公共秩序的问题时，车站人员需做好劝导工作，清理现场，劝导无效后通知地方行政管理部门介入处理（城管、交警等）。

5）车站出入口、通风亭、变电站、冷却塔周边禁止出现躺卧、留宿、堆放和晾晒物品的情况，禁止在通风亭、车站出入口 50m 范围内存放有毒、有害、易燃、易爆、放射性和腐蚀性等物品。出现人员有危害或可能危害运营安全的行为时，车站人员需立即制止其行为，保障车站运营安全。

知识拓展

属地管理中的地保管理是什么？

车站人员应掌握地铁车站控制保护区内项目的施工进度、动土作业情况、项目风险、主要参建方联络方式等信息。

车站应规范车站的地保资料管理（隧道结构图样、保护区图册等），相关图样由桥隧人员提供，车站负责妥善保管，每月检查一次完整性并记录。

车站需配合设备管理部门与车站地保范围内的地保项目参建方建立信息沟通及应急联动机制，保证信息互通以及出现突发事件时的联合处置。

【学习小结】

1. 城市轨道交通车站属地管理范围

1）属地人员：安检、保安、保洁、驻站工班人员（含委外）及商业经营人员等常驻车站人员。

2）属地设备：车站机电终端设备、AFC 设备（含送断电操作）、装饰装修设备及其他车站设备。

2. 车站属地管理原则

1）属地管理原则。

2）区域负责制管理。

3）联管联控原则。

【知识巩固】

选择题

1. 车站属地管理执行（　　　）。

A. 属地管理原则　　　　　　　　　B. 区域负责制管理

C. 联管联控原则　　　　　　　　　D. 高度集中管理

2. 车站属地人员包括（　　　）。

A. 安检　　　　　　　　　　　　　B. 保安

C. 保洁　　　　　　　　　　　　　D. 驻站工班人员

任务二　城市轨道交通车站属地用房管理

【任务描述】

城市轨道交通车站属地用房管理关乎车站日常运作，本任务主要学习车站用房的分类、房间管理及巡视要求。

【学习目标】

知识目标	技能目标	素养目标
1. 清楚属地管理的定义	1. 能够掌握车站属地管理范围	1. 培养学生视车站如家的归属感
2. 了解车站属地管理的原则	2. 能够掌握车站属地管理巡查要求	2. 提升学生的属地管理责任意识

一、车站属地用房分类

车站属地用房分为管理用房和设备用房。

管理用房：车控室、站长室、会议室、更衣室、点钞室、综合办公室、警务办公室（图 5-3）等车站管理运作相关房间。

图 5-3　地铁警务室

设备用房：环控电控室、环控机房、通信设备室、隧道风机房、供电设备房、信号设备房等安置各类设备并能进行日常维修及维护的场所。

二、车站管理用房巡视管理要求

1. 会议室、综合办公室管理

1）正常情况下会议室、综合办公室只供会议及员工吃饭使用，由车站负责管理。

2）车站会议室、综合办公室空闲时要锁闭，使用时使用人需到车控室登记借用。

3）会议室、综合办公室、更衣室要确保整洁、干净。

2. 巡视范围

车站各专业设备房内消防设备设施（包括消火栓、灭火器、灭火器箱等）由所属部门专业人员进行巡检，如图 5-4 所示。车站公共区、设备区通道及站务管理用房内固有的消防设备设施，由车站负责巡查。

图 5-4　消防设施巡检

 知识拓展

车站钥匙管理

城市轨道交通车站需存放一套车站所有房间的钥匙，设立专柜存放，由行车值班员负责保管、交接和办理借用手续，以便日常使用。钥匙在使用后必须及时放回固定位置，钥匙柜需上锁。

车站备用钥匙由行车值班员负责保管和交接，原则上仅在应急情况下使用。

满足前两款需求后多余的钥匙，由值班站长负责保管。

车站钥匙严禁擅自带离车站，特殊情况下需带离的必须经站长同意。

【学习小结】

车站各专业设备房内消防设备设施（包括消火栓、灭火器、灭火器箱等）由所属部门专业人员进行巡检。车站公共区、设备区通道及站务管理用房内固有的消防设备设施，由车站负责巡查。

【知识巩固】

简答题

1. 请简述车控室日常管理内容。

2. 请简述车站管理用房巡视范围。

任务三　城市轨道交通车站属地人员管理

【任务描述】

城市轨道交通车站的属地工作人员分类较多，车站人员在日常管理过程中需了解各类人员的管理标准，做好车站大家庭的管理工作。

【学习目标】

知识目标	技能目标	素养目标
1. 了解属地人员管理的分类 2. 清楚各类人员的管理要求	1. 能够掌握驻站人员日常行为规范 2. 能够掌握应急情况下人员管理	1. 培养学生的人员管理能力 2. 培养学生的属地意识

【理论知识】

一、属地人员的分类

属地人员分为常驻人员和来访人员。

常驻人员：安检、保安、保洁、驻站工班人员（含委外）及商业经营人员等。

来访人员：非本站的、获得同意进入车站设备区的人员。

二、属地人员管理总体要求

安检公司、保安公司、保洁公司、商业经营人员、各部门及委外单位（公司、单位在车站工作人员统称驻站人员；保安、安检、保洁人员以下统称三保人员）对各自业务负责，并服从站务人员的管理和监督，维护地铁车站运营安全，为乘客提供优质服务，安检人员和保洁人员日常工作分别如图 5-5 和图 5-6 所示。

图 5-5　安检人员日常工作

图 5-6　保洁人员日常工作

所有进入设备区的常驻人员、来访人员必须自觉佩戴胸卡，车站员工有监督执行的权利和责任。

驻站人员必须遵守国家法律法规和公司规章规定，服从车站管理，参加车站组织的相关学习，并配合车站组织开展演练。

驻站人员发现可能影响地铁运营安全的作业以及车站地面附属设备设施有异常情况时，有权对违规作业行为进行制止，并将情况及时报告车站，由车站将情况汇报归口管理部门。

三、驻站人员日常行为规范

驻站人员须严格落实公司管理规定，遵守作业纪律、劳动纪律、标准化作业，自觉接受车站人员监督管理。

驻站人员须按规定穿着工装、佩戴标识、言行举止得体，严禁班前、班中饮酒，在站内吸烟等违章行为，自觉维护公司及自身形象。

驻站人员须严格遵守用电安全规定，严禁在站内随意私拉乱接电线、使用大功率电器。人员下班离站前，应及时切断应断开的电源。

有门禁权限的内部员工，进入设备区后应将工作证佩戴于胸前；无门禁权限的人员，进入设备区须出示相应证件，经车控室同意后方可进入。在站内作业时，只能进入其本专业（部门）所属管理用房。未经车站同意，不得擅自进入其他设备区域。

站内任何施工、巡检作业，必须按照线网施工检修管理规则规定到车控室办理请销点手续。

驻站单位应服从车站管理，按时参加属地管理相关会议，及时解决车站日常生产管理过程中存在的问题。属地人员管理细则见表5-1。

表5-1　属地人员管理细则

类别	序号		检查项目
保洁管理	1	在岗情况	站台、站厅、卫生间、出入口（折返站还需包括折返列车）保洁在岗
	2	基础管理	按时到车控室签到，无代签、虚假签到、迟到、早退、缺勤等现象，中班员工需按要求准时到车控室前立岗
			服从车站统一管理和调配，无不服从车站安排、工作推诿的行为
			电气设备使用（微波炉、电冰箱、洗地机等）符合使用规定
	3	着装规范	按规范统一着装
	4	服务规范	在公共区的行为符合服务规范，无在公共区倚靠墙壁、坐乘客座椅、随意放置工器具、看PIS、聚岗聊天等不符合"两纪一化"的行为
			运营期间，无和乘客起冲突或在公共区和员工起冲突，损害公司服务形象的情况
	5	作业规范	清洁作业规范：按作业性质及时放置相应警示牌，列车到站提前停止站台门日常清洁，对设备进行清洁时以乘客为先，不得影响乘客通行，不得进行禁止在运营时间开展的作业，车站公共区域严禁将保洁工器具乱摆乱放，要求"保洁工具随人走"
	6	卫生情况	站台：站台门、自动扶梯、垂直电梯、乘客座椅、查询机、柱子、墙体等设备设施卫生情况良好，地面无垃圾，墙体、柱子干净，垃圾桶内垃圾未超过2/3
			站厅：TVM、闸机、安检机、垂直电梯、广告灯箱、玻璃栏杆、柱子、墙体等设备设施卫生情况良好，地面无垃圾，垃圾桶内垃圾未超过2/3
			出入口：自动扶梯、玻璃栏杆、广告灯箱、墙体、顶棚及三棱柱等设备设施卫生情况良好，出入口通道、出入口范围内地面无垃圾，出入口绿化带无垃圾，垃圾桶内垃圾未超过2/3
			卫生间：地面、洗手台和玻璃上无明显积水、污渍、痰迹等，卫生间无严重异味
			设备区：有人员值守的管理用房，包括车控室、站长室、站务室、票务管理室、男女更衣室的房间卫生情况良好，垃圾篓及时更换
			折返列车：列车卫生情况良好，垃圾及时清理（折返站填写）
	7	其他	其他违反公司相关规章制度的行为

（续）

类别	序号		检查项目
安检管理	1	在岗情况	每个规定时间段的岗位人员齐全，无未报车控室私自离岗的情况
	2	基础管理	按时到车控室签到，无代签、虚假签到、迟到、早退、缺勤等现象，中班员工交接需按要求准时到车控室前立岗点到
			岗位人员调配、加班支援等情况需及时告知车站
			电气设备使用（微波炉等）符合使用规定
			服从车站统一管理和调配
	3	仪容仪表	按规范统一着装，工装需整洁，不准披衣、敞怀、挽袖、卷裤腿、穿拖鞋或赤足
			不准纹身、染发、染指甲、化浓妆、戴首饰。男员工不能留长发、大鬓角和络腮胡；女员工头发过肩的需扎入头花内
	4	服务规范	无在公共区倚靠栏杆、看PIS、聚岗聊天等不符合"两纪一化"的行为
			无精神状态不佳，在岗位上睡觉、趴在桌子上休息等现象
			无在岗位上做与工作无关的事情的行为，如玩手机、看报纸、吃零食等
			在工作中使用普通话和"十字文明用语"
	5	安检工作	主动维护乘客安检秩序，无造成客流拥堵的现象
	6	执行情况	服务工作中，无斗气、说话噎人、训斥、顶撞造成与乘客争执的事件
	7	其他	其他违反公司相关规章制度的行为
保安管理	1	在岗情况	岗位人员齐全
	2	基础管理	无迟到、早退、缺勤等现象
			电气设备使用（微波炉、电冰箱、洗地机等）符合使用规定
			服从车站统一管理和调配
	3	着装规范	按规范统一着装，工装需整洁，不准披衣、敞怀、挽袖、卷裤腿、穿拖鞋或赤足
	4	服务规范	无在公共区倚靠栏杆、看PIS、聚岗聊天等不符合"两纪一化"的行为
			无精神状态不佳，在岗位上睡觉的现象
			无在岗位上做与工作无关的事情的行为，如玩手机、看报纸等
			工作中，无斗气、说话噎人、训斥、顶撞造成与乘客争执的事件
	5	工作执行情况	能够积极维持车站的综合治安工作
			及时巡视发现地铁保护区域的异常情况
			服从车站的管理
	6	其他	其他违反公司相关规章制度的行为

（续）

类别	序号	检查项目
商业管理	1	商业不得经营和存放有毒、易燃、易爆和带腐蚀性、有较强异味的物品，不得经营影响地铁运营管理的其他商品
	2	严禁在地铁运营时间进行商店盘点等活动
	3	严禁在商业承租面积以外的区域派发宣传品、宣传单和赠品等
	4	宣传用品的材料和形式必须符合公司相关要求
	5	严禁在商业外墙、柱面和招牌上张贴任何宣传品
	6	严禁在车站内承租面积以外的区域招呼、呐喊拉客
	7	严禁使用地铁车站出入口及站内的自动扶梯和垂直电梯进行货物运送
	8	严格按照指定的时间段进行货物运送
	9	必须保证商业区域内外干净整洁
	10	商业区域内不准吸烟，不准使用明火，不准操作、使用可能导致火灾的任何设备、物品
	11	商业区域内播放促销广播或音乐等时，以不影响邻铺及公共环境为原则，其声音大小须控制在 40dB 以下
	12	必须服从车站人员的统一指挥
	13	不得损坏地铁与商业内外的设备、设施，不影响其使用或运行
	14	其他违反公司相关规章制度的行为

四、应急情况下人员管理

紧急情况时，常驻人员和运营总部内其他员工必须服从值班站长指挥，参与应急情况处置及抢险救援工作。

 知识拓展

新线接管人员要求

若建设合同中含临管期，则运营分公司及委外单位应在临管期结束前 15 天介入，提前对属地管理设备进行排查，督促建设方进行整改，做好工作交接；临管期结束后应按规定实施属地化管理。

若建设合同中无临管期，则运营分公司及委外单位应在新线开通前一个月介入，提前对属地化管理设备进行排查，督促建设方进行整改，做好工作交接；新线开通时应按规定实施属地化管理。

新线质保期间，设备维保问题由委外单位负责处理，设备质量问题由建设单位处理。

【学习小结】

1. 属地管理人员分类

1）常驻人员：安检、保安、保洁、驻站工班人员（含委外）及商业经营人员等。

2）来访人员：非本站的、获得同意进入车站设备区的人员。

2. 应急及发现异常情况下属地人员职责

1）驻站人员发现可能影响地铁运营安全的作业以及车站地面附属设备设施有异常情况时，有权对违规作业行为进行制止，并将情况及时报告车站，由车站将情况汇报归口管理部门。

2）紧急情况时，常驻人员和运营总部内其他员工必须服从值班站长指挥，参与应急情况处置及抢险救援工作。

【知识巩固】

简答题

1. 请简述安检人员管理服务规范。

2. 请简述属地管理人员分类。

项目六

城市轨道交通车站新线接管

【项目导入】

从城市轨道交通建设期到运营期的过渡

成都地铁 1 号线三期最后一批车站——西博城站与韦家碾站，顺利实现全部车站移交运营公司接管。该线路由北段、支线段和南段三部分组成，全长约为 17.082km，全为地下线，共设车站 13 座。

任务一　城市轨道交通工程移交接管

【任务描述】

城市轨道交通工程从建设期转入运营期，需要经过移交接管的程序，那么城市轨道交通工程的移交接管流程是怎样的？

【学习目标】

知识目标	技能目标	素养目标
1. 清楚"三权"接管的定义 2. 清楚移交接管的内容	1. 能够掌握移交接管的前提条件 2. 能够掌握移交接管的原则 3. 能够了解运营方接管前后的工作铺排	1. 工程移交接管条件较艰辛，培养学生吃苦耐劳的品质 2. 培养学生运营前置的观念

【理论知识】

一、移交接管的定义

1）"三权"接管：是指新建线路的调度指挥权、设备操作维护权、属地管理权在新线建设部门与运营管理部门之间的交接。

2）新线遗留问题：是指从城市轨道交通工程建设阶段到设施、设备质保期结束，在建设施工阶段及使用过程中存在的安全问题、设备设施功能未达到设计功能标准或功能未完善问题、设备设施对运营服务有长期影响问题等。在"三权"接管之前（含"三权"接管时），检查发现的工程问题为建设工程问题，"三权"接管后未解决的和新检查发现的工程问题为遗留问题。

3）系统联调：是指城市轨道交通工程在单专业系统调试基础上，两个及以上的多专业系统联合调试。

4）综合联调：在地下铁道工程各专业系统完成调试的基础上进行，旨在检验各系统间的协调性、统一性。

5）运营演练：是指通过模拟运营过程中各种正常及可能出现的紧急情况下的运作，检验各种运营组织方案和应急预案的科学性、合理性及可行性，检验各运作岗位、维修岗位人员在各种工况下应急处置的能力的活动。

6）试运行：城市轨道交通工程完工、冷滑和热滑实验成功时，系统联调结束，在行车基本条件具备的情况下，通过不载客运行对运营组织管理和设施设备系统的可用性、安全性和可靠性进行检验。

7）建设线与既有线接口：是指正在建设未投用的线路/出入口与既有已投入运营的线路结构交汇连接位置，包括隧道、站台、站厅、出入口通道等交汇连接口。新线系统调试如图 6-1 所示。

图 6-1　新线系统调试

二、接管前的工作铺排

接管是一个大工程，需要运营方至少提前一年制订接管的计划，涉及物资、办公、安全、规章以及人力等方面，尤其是物资，需要提前做计划，以免影响接管开通计划。

1. 车站"软装"跟进

对于运营方来说，一个车站需要进行"软装"，从而满足能够驻入的基本条件，这是非常重要的环节。车站"软装"跟进包括以下内容。

1）根据办公家具管理规定配置好相关的家具，家具到位后及时进行清点并做好车站标识标记，如图 6-2 所示。

图 6-2　家具进场

2）跟进开通非对称数字用户线路（ADSL）网络、市话服务。确认有线调度电话、无线手持台、公务电话能全部正常使用，若有问题应及时沟通协调解决。

3）督促物流中心按时完成所需物资的到货，确保各部门所需劳保、绝缘工器具、物料、工器具采购到位。

2. 车站后勤保障

一般新线周边配套没有那么齐全，尤其是员工进出的车辆段，需做好交通及就餐的保障，如图 6-3 所示。

车站现场需能够根据实际情况，评估交通需求情况，并提报合理需求，制订交通路线。接管前后一段时间的就餐安排也需要统筹进行考量，可协调使用建设方的食堂或者车辆段的食堂统一进行配餐，给现场员工一段适应时间。

3. 车站安全保障

1）运营方需在接管前接收建设部门提交的临管人员名单，并组织各设备系统临管人员开会，对临管人员进行安全教育。接管后需对临管人员加强管理，并将所有临管人员的资料提报上级安全部门负责统一办理相关出入证件。

图 6-3　员工通勤班车

2）接管前运营方应接收建设方提交的移交设备状况及限制条件，进行核查、补充。

3）接管前，需成立联合检查小组，配合建设方开展"三权"移交前的安全检查，对车站所有设备设施进行步行检查。在安全检查中，需对车站卫生情况进行检查，包括地面有无施工废料、木梯、垃圾等施工遗留物，建筑墙面有无涂鸦等内容。

4）接管前，运营方需实地查看、落实各项安防措施。接管前，由建设方负责车站的各项安全管理工作，接管后，运营方负责车站的各项安全工作。

5）若接管的车站为部分接管，即有部分车站区域不进行移交，则运营方需在接管前核实所有围蔽已到位，并没有从新线接口进入运营线路的隐患，新线安全检查如图 6-4 所示。

图 6-4　新线安全检查

4. 车站保洁开荒

保洁开荒是个大工程，至少在接管前 3 天，建设方应负责完成接管区域保洁开荒工作（图 6-5），运营方应组织核查开荒质量符合保洁开荒质量标准。在建设方保洁开荒达到标准后，运营方还需通知安排运营的保洁人员进驻车站，进一步进行卫生清洁工作，以最良好的面貌迎接广大乘客的到来。

图 6-5　保洁进场开荒

5. 建章立制

建章立制是很重要的一个环节，需要运营方通过多渠道获得车站的基础建设信息，这也是了解掌握车站建设的最佳阶段。设计方的图样、现场调整的会议纪要都是获得车站基础信息的重要途径。

当筹备人员到位后，需尽快进行查线核图并组织新线规章文本的编制、新设备设施的培训（图 6-6）、明晰工作接口及值班安排。

图 6-6　新系统新设备人员培训

6. 第一条调度命令的接收

在接管当天，组织在车站张贴"三权"移交的工作令并对内、对外发布，同时按约定时间发令：车站从接管当天××点起开始纳入运营方的管理范畴，安全、施工、运作均需遵照运营方制订的各项管理办法、规章、规定来进行。

三、移交接管的前提条件

1. 总体要求

1）原则上，各项单位（子单位）工程均应完成验收工作，并经工程整改，确认不存在对运营安全构成威胁的工程缺陷。确因实际困难无法完成的，经公司同意后可安排在"三权"移交后进行（确保于"三权"移交前完成单位工程验前检查）。所有遗留项目，均已采取临时措施，不存在对运营安全、人员值守及调试构成威胁的情况。

2）应完成并通过各专业功能验收（信号专业除外），如图6-7所示，对影响运营行车安全、消防安全及人身安全的重大问题应整改完毕，并经过建设部门和运营部门双方确认。

图6-7　接管开通前功能验收

2. 具体要求

1）土建、装修、机电设备安装及附属工程、消防系统安装及附属工程、供电系统安装及附属工程、接触网（轨）安装及相关附属工程、轨道安装及相关附属工程、通信系统安装及相关附属工程、信号系统安装及相关附属工程、车辆检修设备安装及相关附属工程完成设备安装、调试工作（除信号系统外），达到设计功能，并经工程整改，不存在对运营安全、功能需求等构成威胁的工程缺陷。信号系统具备基本的联锁功能。

2）消防设备设施通过消防检测，并经整改，达到设计功能，能有效进行监视、报警、火灾应急联动和排烟灭火，保护驻守人员和设备的安全。

3）车站给排水设施符合设计要求，市政给水、排水全部接通，洗手间可用；给水获得水质检验合格报告。污废水处理全套设施安装、调试完毕，可投入使用；污水处理自动控制系统、污水自动监测仪器可正常使用。

4）行车线路上的施工作业基本完毕，轨面无障碍，线路设备、行车设备、安全标志需在热滑之前全部完成安装。

5）完成通信主体设备的安装，具备无线、公务、有线调度单站功能，按设计图完成各房间时钟安装和调试，完成车站广播外设的安装和基本功能测试；乘客信息显示系统（PIDS）设备完成设备安装和基本功能测试；接管时以专用通信电话为主要通信手段。

6）特种设备通过市质量技术监督局的验收并取得市质量技术监督局颁发的检验合格证及特种设备使用登记证，运行正常。垂直电梯应满足火灾情况下的消防迫降功能。

7）门禁系统完成主体设备安装和单体调试，实现就地级设备功能和授权功能。

8）完成车站办公环境各种基础设备设施的清洁，包括内部设施［楼号牌、楼层牌、房间号牌、垂直电梯口楼层牌、房间窗帘、楼层不锈钢分类垃圾桶、各房间（含茶水间）电源插座］、外部设施（导向柱、门匾和标识等）、红线范围内的清洁。

四、移交接管的原则

1）在公司新线主管部门的领导下开展交接工作。

2）原则上按调度指挥权、属地管理权和设备操作维护使用权三大类别，由建设部门与运营部门一一对应交接。

3）按照公司的相关规定和要求进行有序、无间歇地交接。

交接的内容包括房屋、钥匙、图样、文件资料、系统设备、工器具、备品备件等。具体操作流程和职责分工按相关控制程序和实施细则的规定实施。

4）工器具、备品备件等资产接管原则上必须以实物形式进行移交。

5）对所有设备设施的移交，交接双方在交接时务必要详细核查所移交设备设施的实际状态，并在相关移交文件中详细描述清楚。

 知识拓展

运营新线筹备最重要的工作是什么？

运营部门须于新线接管前编制发布新线查线核图工作方案，工作方案包括但不限于以下内容：目的、范围、依据、总体完成时间的要求、各专业查线核图的重点内容、各专业查线核图的具体工作计划、问题发现及处理整治要求等。各专业须严格按照发布的查线核图工作方案要求，全面组织开展查线核图及设备设施整治工作，原则上要求在线路按照开通运营时列车运行图连续组织行车20日前全部完成。须及时总结查线核图总体进展情况，并定期反馈结果及问题。

查线核图可以了解工程的整体进度，检查建设部门有无按照设计要求进行建设，若有问题可以提前提出并解决，这是"三权"接管前最重要也是最难开展的工作之一。

【学习小结】

1. 接管前的工作铺排

1）车站"软装"跟进。

2）车站后勤保障。

3）车站安全保障。

4）车站保洁开荒。

5）建章立制。

6）第一条调度命令的接收。

2. 移交接管前提条件

1）原则上，各项单位（子单位）工程均应完成验收工作，并经工程整改，确认不存在对运营安全构成威胁的工程缺陷。所有遗留项目，均已采取临时措施，不存在对运营安全、人员值守及调试构成威胁的情况。

2）应完成并通过各专业功能验收（信号专业除外），对影响运营行车安全、消防安全及人身安全的重大问题应整改完毕，并经过建设部门和运营部门双方确认。信号系统具备基本的联锁功能。

3）特种设备通过检验，具备合格证及特种设备使用登记证，运行正常。垂直电梯应满足火灾情况下的消防迫降功能。

4）车站具备基本的办公条件。

【知识巩固】

一、选择题

1. "三权"接管：是指新建线路的（ ）在新线工程管理部门与运营管理部门之间的交接。

A. 调度指挥权   B. 设备操作维护权

C. 属地管理权   D. 领导权

2. 移交接管前，应确保信号系统具备（ ）。

A. 设备安装   B. 联锁功能

C. 功能调试   D. 设计功能

3. 移交接管前，特种设备通过市质量技术监督局的验收并取得市质量技术监督局颁发的（ ）及（ ），运行正常。

A. 检验合格证　　　　B. 特种设备使用登记证

二、简答题

1. 请简述移交接管的原则。

2. 请简述移交接管的总体要求。

任务二　城市轨道交通"三权"接管流程

【任务描述】

城市轨道交通工程从建设期转入运营期需进行"三权"接管，本任务主要学习城市轨道交通工程在"三权"接管当天的交接程序，确保交接过程平稳有序。

【学习目标】

知识目标	技能目标	素养目标
1. 了解"三权"接管的具体内容 2. 掌握属地管理权接管的具体内容	1. 能够掌握接管当天现场需核查的设备 2. 能够掌握接管当天现场需核查确认内容	1. 培养学生的计划和总结能力 2. 培养学生的沟通能力

【理论知识】

一、调度指挥权接管

调度指挥权由 OCC 与建设部门对应交接，调度指挥权自接管当天约定时间起正式移交运营部门，建设部门负责向运营部门提供施工作业状态、线路占用情况、道岔开通位置等情况。

在接到"三权"接管令后，OCC向车站发布"三权"接管令（图6-8），由运营部门接收调度指挥权。各站根据OCC指令在车站出入口、站台门端门处张贴"三权"接管令，车站自接管时开始纳入运营部门管理范畴，安全、施工、运作需遵照运营部门制定的各项管理办法、规章、规定来开展。

图6-8 调度发布"三权"接管令

二、属地管理权接管

1）车站的所有房间钥匙由站务专业集中统一与建设部门对接清点和接管，并集中保管在车控室，各相关房间使用管理部门根据钥匙管理规定到车控室办理钥匙领用登记（通常只有变电专业可以保管相关设备房钥匙）。

2）属地管理权自接管当天约定时间起全面由运营单位各专业负责接管。各设备使用部门按专业负责相关的设备设施接管，负责管理其对应的房间和设备。

3）自接管当日起，为配合车站综治保卫工作，各车站需安排一名护卫/保安24h在车站值守（图6-9），核对进出站的人员身份、物品放行条。

图6-9 站务人员在车控室值班

　　自接管当日起运营单位需安排员工上岗正式值班、维修、巡检。站务执行24h值守制度，安排值班站长、行车值班员在车控室办公，配合现场施工作业及列车调试作业。

三、设备操作维护权接管

　　1）设备操作维护权由各相关部门按照划分接口分别负责交接，如图6-10所示。

图 6-10　运营方接管设备操作维护权

　　2）接管内容至少包括所辖范围内的系统设备及附属设施等实体的检查及图样资料、设备房钥匙核查，移交清单复核、签收。

　　3）现场以接管工作组或下设的专业小组为单位，由各组长负责牵头组织组员与建设总部按照对方提供的各项表格一一对应完成所辖范围内的设备、设施交接。表实不符的必须从表中清除或在移交表中如实注明，并将存在的问题汇总公司存档备案。

　　4）交接时请遵照公司的有关规章进行。

四、其他设施管理、使用权接管

　　1）站外绿化、红线范围内道路（包括盲导带）以及站内绿植等设施，由职能部门提前做好安排，并与建设单位、承包商一一对应交接。

　　2）车站内所有移动消防器材、防毒面具及相关标示、标牌等以消防器材组为单位，由站务专业负责牵头，根据消防责任区的划分，由各属地管理部门负责配合，与建设单位、承包商一一对应交接、签收确认。

　　3）新线竣工档案的接管遵照公司的规章执行。

五、接管当天现场核查内容

　　接管当天，站务负责的事项较多，是接管的重要队伍。现场事项繁杂，应先对现场的工作进行梳理：先后进行接收并清点接管车站房间钥匙、车站可移动消防器材，贴纸告示张贴以及检查出清等。接管后应立刻做好外单位进出人员的管理。接管当天现场核查内容见表6-1。

表 6-1　接管当天现场核查内容

序号	专业	设备或区域	检查内容
1	站务	区间铁门、区间风亭围蔽	检查施工区域与接管区域间是否已经按照要求进行围蔽
2		办公用房与轨行区相通的房间门、站台门钥匙、所有房间门钥匙	1）核对所有接管的钥匙对应的房间门是否能够正常开启，每一个房间至少对应两把钥匙 2）站台门钥匙需要逐把测试所有的滑动门、应急门、端门是否能够正常开启；隔离钥匙需要逐把测试所有滑动门是否能打到每一个档位；PSL 钥匙需要逐把测试 PSL 盘上的每一个空位及档位
3		通信工具：对讲机、无线调度台、调度电话、内外线电话	1）无线调度台、对讲机全站测试通话正常，无通话死角 2）调度电话、无线调度台与相应调度测试是否能够正常通话，转换各频道后测试是否通话正常 3）内线电话与公司内部其他电话是否能够正常通话 4）外线电话与外部电话是否能够正常通话
4		移动消防器材	按照设计图样，确保按设计要求设置消防器材，并确认消防器材状态良好
5		安全标识	1）检查端门是否已张贴安全标识 2）检查站台门上是否已张贴安全标识 3）检查端墙内侧落轨梯旁是否已安装安全标识
6		办公环境	1）检查办公用房是否已经按照装修标准进行装修，是否还有漏水、积水等建设问题遗留 2）检查通风制冷设备是否已经能够正常运作 3）检查办公工具是否已经齐全
7		站台区域线路	1）每侧站台安排两名人员下线路进行巡视，确保站台区域线路出清 2）每侧端墙安排两名人员下线路进行巡视，检查区间线路是否出清，走到与相邻站巡视人员碰面后即可返回

 知识拓展

同一专业的设备房可用同一钥匙开启房门

　　在"三权"移交接管的当天，最复杂的也是最重要的工作就是属地房间钥匙的移交，每个站都有 100 个以上的房间门，每个房间门对应 3 把钥匙，部分复杂的设备房间门有上下 2 个锁，就有 6 把钥匙，部分锁的款式比较特殊，这给现场的移交工作带来很大的困难。首先需要不遗漏一扇门、一把锁，同时，需要对每个房间门进行编号并需提前准备好钥匙牌，现场进行归纳，否则后期会出现几百把钥匙混乱的情况，给后续的工作带来很多麻烦。

　　为了给站务人员减负，并从现场的实际管理角度出发，可采用新的管理思路，即同一专业的设备房可用同一钥匙开启房门，这可以大大地减少接管当天以及之后的工作量，维护成本也会相应地降低，在应急处置情况下，站务无须携带应急处置钥匙盘，这样就提高了应急处置效率。该项工作已经在部分站点试行，后续将视试行情况进行推广。

【学习小结】

车站接管当天的工作安排如下：

1）熟悉区间铁门、区间风亭围蔽的情况。

2）办公用房与轨行区相通的房间门、站台门钥匙、所有房间门钥匙测试。

3）检查通信工具情况：确保对讲机、无线调度台、调度电话、内外线电话功能完善，通信畅通。

4）移动消防器材清点。按照设计图样，确保按设计要求设置消防器材，并确认消防器材状态良好。

5）安全标识张贴。

6）继续完善美化办公环境。

7）站台区域线路清场。

【知识巩固】

一、选择题

1. 自接管当日起，为配合车站综治保卫工作，各车站需安排一名护卫/保安（　　）在车站值守。

A. 白天　　　　　　B. 夜晚　　　　　　C. 12h　　　　　　D. 24h

2. 调度指挥权由 OCC 与建设部门对应交接，调度指挥权自接管当天（　　）正式移交运营。

A. 零点　　　　　　B. 约定时间　　　　C. 试运行运营开始　　D. 站长通知

二、简答题

1. 请简述属地管理权接管的内容。

2. 请简述设备操作维护权接管的内容。

参考文献

［1］永秀. 城市轨道交通车站运作管理［M］. 3 版. 北京：机械工业出版社，2021.

［2］邓雪，于丽. 城市轨道交通车站机电设备运用［M］. 北京：人民交通出版社股份有限公司，2023.

［3］成都地铁运营有限公司. 站务员［M］. 成都：西南交通大学出版社，2017.

目　录

实训工单一　城市轨道交通车站值班站长岗位职责及工作流程演练

任务名称	城市轨道交通车站值班站长岗位职责及工作流程演练	学时		班级	
学生姓名		学生学号		任务成绩	
实训场地		小组成员		日期	
任务目的	能够熟练掌握值班站长工作流程，清楚值班站长岗位职责。				

一、接受工作任务

　　根据值班站长工作职责和工作内容，小组讨论梳理车站值班站长当班工作流程，并模拟演练值班站长作业。

二、信息收集

　　1. 值班站长服从（副）站区长的领导，组织_____开展工作，对本班工作全面负责。

　　2. 负责对本班站务人员进行管理，对_____、_____的工作进行监督、指导、考核、教育，掌握员工思想状况。

　　3. 负责对保洁、安检、保安、商业人员、施工人员等驻站人员进行_____。

　　4. 负责本班运营组织工作，服从线网指挥中心_____指挥，执行相关命令。

　　5. 具体负责本班_____工作。严格执行各项规章制度，加强对治安、消防、应急预案的演练，同时与地铁公安协作，共同搞好车站_____工作。

　　6. 具体负责本班_____工作。指导车站员工的工作，处理乘客事务，为乘客提供优质服务。

　　7. 具体负责本班_____工作，严格执行票务规章制度，确保本班票务运作顺畅，无客运值班员车站，兼任_____岗位。

　　8. 负责事故发生后的处理工作。车站值班站长作为发生险情时现场应急处置的_____，在未进行指挥权交接前，负责责任区域现场抢险救援和应急处置工作的统一指挥，其职责包括及时采取措施，控制局面，减少人员伤亡及财产损失，尽快恢复运营。

　　9. 及时按程序向_____、上级部门汇报生产信息和运作情况。

　　10. 负责本班值班员、站务员的岗位业务_____工作。

　　11. 巡视、检查本班工作中的各项设备、设施状况，发现故障及异常情况及时处理和报告。负责电梯管理，恶劣天气情况下，电梯应照_____的原则做好使用管理，安排人员做好已开启电梯的值守工作，在出入口通道采取积水清扫等防滑措施，并安排人员进行客流疏导。

　　12. 负责本班_____的填写及相关数据的收集。

　　13. 对所保管的_____、备品、门禁卡等负责。

　　14. 负责本班_____处理，并组织员工学习。

　　15. 负责分管工作，按规定开展分管的各项工作，定期_____、汇报。

16. 有责任向车站提出本人的_____。

17. 对本站员工的奖罚、_____、晋升有建议权。

18. 落实和执行公司_____。

19. 完成上级布置的其他工作。

三、制订计划

请根据任务要求，确定所需要的实训设备，并对小组成员进行合理分工，制订详细的方案。

1. 需要的实训设备

2. 小组成员分工

3. 演练方案

四、计划实施

1. 将班级学生分成若干个小组，每组 3~5 人，分组演练值班站长工作流程，完成小组自评和组间互评。

2. 每组展示时间为 20~30min。

3. 将演练过程录像记录，并提交演练整体视频。

五、质量检查

通过检查个人完成质量，结合小组成果展示，完成工作任务的检查和评价。

组内自评分数：

被评分人	组员一	组员二	组员三	组员四	组员五
分数					

组间互评分数：

组别	第一组	第二组	第三组	第四组	第五组	第六组	第七组	第八组
分数								

六、评价反思

在教师的指导下，评价自己的工作方式和工作质量。

<table>
<tr><th colspan="4">评价表</th></tr>
<tr><th>项目</th><th>评价指标</th><th>自评</th><th>互评</th></tr>
<tr><td rowspan="3">专业技能</td><td>值班站长岗位作业流程完整</td><td>□合格 □不合格</td><td>□合格 □不合格</td></tr>
<tr><td>按照任务要求完成作业内容</td><td>□合格 □不合格</td><td>□合格 □不合格</td></tr>
<tr><td>完整填写工单</td><td>□合格 □不合格</td><td>□合格 □不合格</td></tr>
<tr><td rowspan="3">工作态度</td><td>着装规范，符合职业要求</td><td>□合格 □不合格</td><td>□合格 □不合格</td></tr>
<tr><td>正确查阅值班站长作业流程相关资料和学习材料</td><td>□合格 □不合格</td><td>□合格 □不合格</td></tr>
<tr><td>目标明确，独立完成</td><td>□合格 □不合格</td><td>□合格 □不合格</td></tr>
<tr><td>个人反思</td><td></td><td colspan="2">根据任务的安全、质量、时间和6S要求，提出个人改进建议</td></tr>
<tr><td>教师评价</td><td>教师签字
　　　年　月　日</td><td colspan="2">成绩
□合格　　□不合格</td></tr>
</table>

实训工单二　城市轨道交通车站值班员岗位职责及工作流程演练

任务名称	城市轨道交通车站值班员岗位职责及工作流程演练	学时		班级	
学生姓名		学生学号		任务成绩	
实训场地		小组成员		日期	
任务目的	能够熟练掌握值班员工作流程，清楚值班员岗位职责。				

一、接受工作任务

根据行车值班员和客运值班员工作职责和工作内容，小组讨论梳理车站行车值班员和客运值班员当班工作流程，并模拟演练值班员作业。

二、信息收集

值班员应在_____的领导下开展工作，并对当班_____的工作进行监督指导，主动向值班站长汇报本班设备、设施运作情况和各岗位工作情况。同时，值班员有责任向本班组、站区和上级部门提出建议和意见。

1. 行车值班员岗位职责

1）负责本班_____工作，按有关规定操作和监控行车设备。

2）全面负责当班行车组织、施工登记及_____等工作。

3）负责_____本班工作中的各项设备、设施状况，发现故障及异常情况及时按有关程序处理。

4）负责掌握本站客流情况、乘客动态，处理_____，做好广播服务。

5）负责_____和_____各岗位按岗位流程工作，协调各岗位工作。

6）发生异常情况时，及时按有关预案处理和上报。

7）对所保管的钥匙、备品、门禁卡和_____等负责。

8）负责记录_____重要情况、交接班事项和其他按要求需要记录的内容。

2. 客运值班员岗位职责

1）对本班的_____工作负责。严格按票务规章开展票务工作。

2）负责安排并监督_____的票务工作。

3）负责处理当班与乘客相关的_____事务及_____事务。

4）对所保管的钥匙、_____和台账等负责。

5）完成上级布置的其他工作。

三、制订计划

请根据任务要求，确定所需要的实训设备，并对小组成员进行合理分工，制订详细的方案。

1. 需要的实训设备

2. 小组成员分工

3. 演练方案

四、计划实施

1. 将班级学生分成若干个小组，每组 3~5 人，分组演练行车值班员和客运值班员工作流程，完成小组自评和组间互评。

2. 每组展示时间为 20~30min。

3. 将演练过程录像记录，并提交演练整体视频。

五、质量检查

通过检查个人完成质量，结合小组成果展示，完成工作任务的检查和评价。

组内自评分数：

被评分人	组员一	组员二	组员三	组员四	组员五
分数					

组间互评分数：

组别	第一组	第二组	第三组	第四组	第五组	第六组	第七组	第八组
分数								

六、评价反思

在教师的指导下，评价自己的工作方式和工作质量。

评价表			
项目	评价指标	自评	互评
专业技能	值班员岗位作业流程完整	□合格　□不合格	□合格　□不合格
	按照任务要求完成作业内容	□合格　□不合格	□合格　□不合格
	完整填写工单	□合格　□不合格	□合格　□不合格
工作态度	着装规范，符合职业要求	□合格　□不合格	□合格　□不合格
	正确查阅值班员作业流程相关资料和学习材料	□合格　□不合格	□合格　□不合格
	目标明确，独立完成	□合格　□不合格	□合格　□不合格
个人反思		根据任务的安全、质量、时间和 6S 要求，提出个人改进建议	
教师评价	教师签字　　　　　　　年　月　日	成绩	
		□合格　　　□不合格	

实训工单三　城市轨道交通车站站务员岗位职责及工作流程演练

任务名称	城市轨道交通车站站务员岗位职责及工作流程演练	学时		班级	
学生姓名		学生学号		任务成绩	
实训场地		小组成员		日期	
任务目的	能够熟练掌握站务员工作流程，清楚站务员岗位职责。				

一、接受工作任务

根据站务员工作职责和工作内容，小组讨论梳理车站站务员当班工作流程，并模拟演练站务员作业。

二、信息收集

站务员安排在＿＿＿＿＿、＿＿＿＿＿和＿＿＿＿＿等，车站根据实际需要，经上级部门同意，可安排自动扶梯岗和引导岗等。

1. 售票岗职责

售票岗负责当班客服中心的＿＿＿＿＿工作，确保售票（卡）、充值、验票、收款、兑零等相关票务工作准确。

1）处理与乘客相关的＿＿＿＿＿事务。

2）对填写的＿＿＿＿＿和当日＿＿＿＿＿负责。

3）对本班＿＿＿＿＿内的卫生工作及安全工作负责。负责本班客服中心内的设备和备品的管理，确保客服中心门窗随时处于＿＿＿＿＿状态。

4）兼任巡视岗或站台岗时必须履行相应岗位职责。

5）完成上级布置的其他票务工作。

2. 厅巡岗职责

厅巡岗的立岗位置原则上在＿＿＿＿＿与 TVM 之间的中间位置，当客流较小时，应在进站闸机处立岗，当出站闸机处的乘客需要帮助时，应第一时间为乘客提供帮助。

1）巡视＿＿＿＿＿、出入口。巡视事项包括检查消火栓、灭火器箱、电气设备状态，处理可疑物品等安全事项及乘客服务事项，检查广播、告示、灯箱、闸机、灯管、自动扶梯、TVM、PIS、各种贴纸、告示、玻璃栏杆等服务设备设施状态，检查出入口通道、楼梯状态（出入口通道、楼梯严禁破损超过＿＿＿＿＿或堆放杂物影响乘客通行）。不断巡视＿＿＿＿＿设备的运行情况、乘客进出站情况等，及时主动向有需要的乘客提供服务。

2）帮助乘客，回答乘客询问，解决乘客问题。及时处理乘客事务，帮助引导车票有问题的乘客到 SBOM、＿＿＿＿＿。

3）积极疏导乘客，要特别注意突发暴风雨等特殊情况下，乘客涌向＿＿＿＿＿时，做好疏通堵塞的通道等工作。

4）及时向值班站长、_____报告异常情况和问题。

5）制止并处理乘客违反《城市轨道交通管理条例》的行为，阻止乘客携带_____，长、宽、高之和超过_____ m或长度超过_____ m的物品，导盲犬之外的其他动物进站乘车。

6）有特殊乘客进站及时通知有关岗位，对老年乘客、儿童、_____或携带大件行李者要指引其乘坐垂直电梯或走楼梯，必要时提供帮助，以避免客伤事件发生。

7）及时向值班站长汇报_____和TVM前乘客排队人数，以便值班站长决策。

8）积极引导进站乘客到乘客较少的客服中心、TVM、_____等处购票、进/出站。

9）负责监督工作区域内的_____情况，发现问题，应立即整改。

10）遇TVM、闸机、自动扶梯故障的情况要及时摆放_____，并及时向车控室报告。

11）负责_____的更换工作，协助进行更换钱箱、清点钱箱的工作。

12）负责站厅_____的管理，按规定给乘客开_____。

13）其他需要完成的事项。

3. 站台岗职责

1）巡视内容包括检查消防设备设施的状态，确认消火栓、灭火器箱上的_____是否完好，对于破封的要检查里面的设备是否_____、完好；检查_____的状态，包括站台门上的顶箱前盖板是否锁闭，站台门和端门是否正常关闭等；检查上、下行尾端的_____状态是否良好；检查自动扶梯运行是否正常，包括自动扶梯有无_____，梯级上有无_____（有异物时及时清理）等；检查_____其他设备设施的状态，如自动扶梯处栏杆、站台候车椅、灯管等的状态是否良好；检查站台_____内所有设备设施的状态是否良好，有无缺少。

2）负责按站台_____接发列车，监视列车运行状态、乘客上下车的状态，处理在接发列车过程中发生的突发事件（如站台门未关好、车门/站台门夹人夹物等）。

3）设有_____的车站遇红外光栅报警时，确认车门与站台门间_____是否有异物，与司机做好联控。

4）巡视站台时需留意站台乘客的候车动态，及时提醒特殊乘客注意安全（如对不便乘坐自动扶梯的乘客提醒其走楼梯或垂直电梯），提醒乘客不要倚靠_____。

5）巡视时发现携带违反地铁管理规定物品的乘客，要及时劝其_____，并及时报车控室。

6）对站台乘客候车秩序负责，引导乘客到人较少的地方候车，主动引导乘客按地面箭头指示排队候车，先_____后_____，引导乘轮椅的乘客到轮椅乘车位对应的站台门处上车。

7）对站台_____和_____负责，确保站台门及以内区域安全。发现异常情况及时处理。

8）处理各种紧急情况（具体按有关预案处理）。

9）制止并处理乘客违反_____的行为。

10）负责列车折返时的_____工作。

11）对_____安全负责，在接发列车间隙，查验巡检人员证件与车控室核对无误后开端门，并确保端门正常关闭。

三、制订计划

请根据任务要求，确定所需要的实训设备，并对小组成员进行合理分工，制订详细的方案。

1. 需要的实训设备

2. 小组成员分工

3. 演练方案

四、计划实施

1. 将班级学生分成若干个小组，每组 3~5 人，分组演练售票岗、厅巡岗、站台岗工作流程，完成小组自评和组间互评。

2. 每组展示时间为 20~30min。

3. 将演练过程录像记录，并提交演练整体视频。

五、质量检查

通过检查个人完成质量，结合小组成果展示，完成工作任务的检查和评价。

组内自评分数：

被评分人	组员一	组员二	组员三	组员四	组员五
分数					

组间互评分数：

组别	第一组	第二组	第三组	第四组	第五组	第六组	第七组	第八组
分数								

六、评价反思

在教师的指导下，评价自己的工作方式和工作质量。

评价表			
项目	评价指标	自评	互评
专业技能	站务员岗位作业流程完整	□合格　□不合格	□合格　□不合格
专业技能	按照任务要求完成作业内容	□合格　□不合格	□合格　□不合格
专业技能	完整填写工单	□合格　□不合格	□合格　□不合格
工作态度	着装规范，符合职业要求	□合格　□不合格	□合格　□不合格
工作态度	正确查阅站务员作业流程相关资料和学习材料	□合格　□不合格	□合格　□不合格
工作态度	目标明确，独立完成	□合格　□不合格	□合格　□不合格
个人反思		根据任务的安全、质量、时间和 6S 要求，提出个人改进建议	
教师评价	教师签字　　　年　月　日	成绩	
教师评价		□合格　　□不合格	

实训工单四　城市轨道交通车站开关站流程演练

任务名称	城市轨道交通车站开关站流程演练	学时		班级	
学生姓名		学生学号		任务成绩	
实训场地		小组成员		日期	
任务目的	能够熟练掌握城市轨道交通车站开关站整体流程。				

一、接受工作任务

根据城市轨道交通车站日常运作需求，小组讨论开关站流程需要哪些工作人员共同参与，并结合作业流程模拟车站开站作业和关站作业。

二、信息收集

1. 车站开站

每个车站的开站时间都会随着该车站首班车时间的不同而存在差异，在首班车到达之前，车站需要完成所有的准备工作，确保可以为乘客提供正常的服务。

（1）设备设施准备情况　行车值班员根据_____命令，开启环控系统，确保开启模式正确且无异常_____信息。

_____根据电调命令，开启车站正常照明，并开启导向设备，在综合监控系统上查看并确认开启状态正确且无设备故障，注意检查_____区导向灯箱是否正确。

客运值班员做好 AFC 设备的准备工作，完成 TVM 的_____、_____工作，并检查自动检票机、BOM 和_____等 AFC 设备是否处于正常运营状态，确保投入运营的设备都能正常使用，无夜班客运值班员车站由_____负责。

值班站长要在首班载客列车到站前_____ min 完成出入口开启工作，卷闸门有地锁的车站注意_____，以免损坏设备。在_____前完成自动扶梯、垂直电梯开启工作，开启自动扶梯、垂直电梯人员需持有_____。

（2）人员到岗情况　_____在开站前要做好各岗位人员到岗情况的检查，确保每个岗位人员都已经满足着装标准、_____、精神状态良好等在岗要求。

_____需在首班载客列车到站前 10min 领齐钥匙、对讲机、手持台、扩音器等备品到岗，做好_____的接发。

售票员在开站前做好上岗准备，带齐客服中心钥匙、相关票务钥匙、备用金、各类车票，并在首班载客列车到站前_____ min 到岗，锁闭_____。

_____要在开站前做好卫生间的清扫工作，确保便池、蹲位、地垫清洗干净，垃圾桶内垃圾已清理，地垫已清洗，_____已备好，整体卫生良好、无可视垃圾、清扫工器具摆放整齐。

2. 车站关站

与城市轨道交通车站开站相类似，每个车站的关站时间也会随着该车站末班车时间存在差异，在末班车到达之后，车站需要确认所有乘客均离开车站，并及时关闭车站出入口，停止对外服务。

（1）乘客服务工作　行车值班员应在_____播放末班车相关广播，提醒乘客抓紧时间购票进站乘车。

站务人员应在_____方向末班载客列车到站前 10min 到运营结束，在车站_____区开展末班车服务工作，提醒乘客某方向列车服务_____。若车站为换乘站，车站工作人员应根据列车运行计划、乘客换乘所需时间，及时关闭_____，防止乘客误入。

_____在本站末班车开出后，应检查车站的各个角落，保证站内无_____及车站工作人员以外人员。清站时要注意做好_____，保证不留死角，对易滞留人员的处所（如卫生间、生活区通道、出入口、站台四角）进行重点清理。

（2）设备设施关闭情况　在末班载客列车服务时间前_____min 关闭 TVM，并通知各岗位，各岗位人员须告知乘客相关信息，停止该方向售票，避免出现乘客购票进站后无法搭乘列车的情况。

末班_____列车开出后，关停_____，并关闭出入口和连通地面的垂直电梯，出入口卷闸门须用地锁的车站应注意上锁。

_____应根据电调命令，关闭车站_____，并执行相应的_____和导向模式。

三、制订计划

请根据任务要求，确定所需要的实训设备，并对小组成员进行合理分工，制订详细的方案。

1. 需要的实训设备

2. 小组成员分工

3. 演练方案

四、计划实施

1. 将班级学生分成若干个小组，每组 5~8 人，分组演练车站开站、车站关站，完成小组自评和组间互评。

2. 每组展示时间为 20~30min。

3. 将演练过程录像记录，并提交演练整体视频。

五、质量检查

通过检查个人完成质量，结合小组成果展示，完成工作任务的检查和评价。

组内自评分数：

被评分人	组员一	组员二	组员三	组员四	组员五
分数					

组间互评分数：

组别	第一组	第二组	第三组	第四组	第五组	第六组	第七组	第八组
分数								

六、评价反思

在教师的指导下，评价自己的工作方式和工作质量。

评价表			
项目	评价指标	自评	互评
专业技能	车站开关站作业流程完整	□合格　□不合格	□合格　□不合格
	按照任务要求完成作业内容	□合格　□不合格	□合格　□不合格
	完整填写工单	□合格　□不合格	□合格　□不合格
工作态度	着装规范，符合职业要求	□合格　□不合格	□合格　□不合格
	能够团队协作	□合格　□不合格	□合格　□不合格
	正确查阅开关站作业流程相关资料和学习材料	□合格　□不合格	□合格　□不合格
	目标明确，独立完成	□合格　□不合格	□合格　□不合格
个人反思		根据任务的安全、质量、时间和 6S 要求，提出个人改进建议	
教师评价	教师签字 　　　　年　月　日	成绩	
		□合格　　　□不合格	

实训工单五　城市轨道交通车站交接班流程演练

任务名称	城市轨道交通车站交接班流程演练	学时		班级	
学生姓名		学生学号		任务成绩	
实训场地		小组成员		日期	
任务目的	能够熟练掌握城市轨道交通车站各岗位交接班流程。				

一、接受工作任务

根据城市轨道交通车站交接班具体要求，小组讨论各岗位交接班流程及注意事项，并模拟演练交接班会及各岗位交接班流程。

二、信息收集

车站交接班会一般在班组交接班之前召开，早、中班至少各开展_____次，保证生产信息的有效传达。进行交接班的员工需参加交接班会议，会议内容包括传达_____工作、总结班组运营情况、培训相关知识等。不同岗位人员在交接过程中，需注意重点交接本岗位涉及的相关工作内容。

(1) 值班站长　值班站长全面负责当班期间车站的正常运作，在进行交接时，须关注站内_____状态（特别关注未修复故障）、施工完成情况（特别关注_____、_____等施工异常情况）、近期重点工作事项、预警、_____等。

(2) 行车值班员　行车值班员主要负责当班期间车站行车组织工作，并对本班施工登记、施工安全负全面责任。在交接时，须对车控室内_____情况进行确认，关注行车设备及系统故障情况、_____完成情况（特别关注未请点、未销点等施工异常情况）、预警、应急响应等级及临时_____的传达。

(3) 客运值班员　客运值班员主要负责当班期间车站票务事务处理及车站_____安全，在交接过程中，务必注意钱款需_____相符，确保票务_____齐全，传达车站采取的客运组织措施及预警、应急响应信息。

(4) 售票员　售票员负责当班期间乘客票务事务处理，在交接时，确保所有_____、_____已收齐，对本岗位客运组织措施及特殊乘客事务进行说明。

(5) 站台岗　站台岗负责当班期间站台_____安全及_____安全，在交接时，须对_____、端门、_____运行情况进行确认。

事项	岗位				
	值班站长	行车值班员	客运值班员	售票员	站台岗
备品	清点钥匙、备品，确认_____上交情况	清点钥匙、门禁卡，确认行车备品柜、消防_____备品齐全、良好	清点车票、票款、备用金、_____、票务备品，确认账实相符	清点钥匙、备品，检查有无来历不明的_____、车票	清点钥匙、备品

（续）

事项	岗位				
	值班站长	行车值班员	客运值班员	售票员	站台岗
设备	检查车站_____及系统故障修复情况	检查行车设备及系统故障修复情况	检查票务设备及系统故障修复情况	_____、对讲设备、求助按钮功能情况	检查站台门、_____、自动扶梯运行情况
施工	检查施工计划完成情况及未请点、未销点等施工_____情况				
重点工作	1）重点交班事项　2）OA____事项　3）客运组织措施　4）预警、应急响应	1）重点交班事项　2）预警、应急响应信息　3）临时调度命令	1）重点交班事项　2）客运组织措施　3）预警、应急响应	1）重点交班事项　2）本岗位客运组织措施　3）预警、应急响应　4）_____乘客	

三、制订计划

请根据任务要求，确定所需要的实训设备，并对小组成员进行合理分工，制订详细的方案。

1. 需要的实训设备

2. 小组成员分工

3. 演练方案

四、计划实施

1. 将班级学生分成若干个小组，每组 5~8 人，分组演练各岗位交接及交接班会，完成小组自评和组间互评。

2. 每组展示时间为 20~30min。

3. 将演练过程录像记录，并提交演练整体视频。

五、质量检查

通过检查个人完成质量，结合小组成果展示，完成工作任务的检查和评价。

组内自评分数：

被评分人	组员一	组员二	组员三	组员四	组员五	组员六	组员七	组员八
分数								

组间互评分数：

组别	第一组	第二组	第三组	第四组	第五组	第六组	第七组	第八组
分数								

六、评价反思

在教师的指导下，评价自己的工作方式和工作质量。

评价表			
项目	评价指标	自评	互评
专业技能	各岗位交接及交接班会作业流程完整	□合格　□不合格	□合格　□不合格
	按照任务要求完成作业内容	□合格　□不合格	□合格　□不合格
	完整填写工单	□合格　□不合格	□合格　□不合格
工作态度	着装规范，符合职业要求	□合格　□不合格	□合格　□不合格
	能够做好团队成员的沟通	□合格　□不合格	□合格　□不合格
	正确查阅交接班相关资料和学习材料	□合格　□不合格	□合格　□不合格
	目标明确，独立完成	□合格　□不合格	□合格　□不合格
个人反思		根据任务的安全、质量、时间和 6S 要求，提出个人改进建议	
教师评价	教师签字　　　　　年　月　日	成绩	
		□合格　　□不合格	

实训工单六　城市轨道交通车站谈心谈话演练

任务名称	城市轨道交通车站谈心谈话演练	学时		班级	
学生姓名		学生学号		任务成绩	
实训场地		小组成员		日期	
任务目的	能够掌握车站谈心谈话的重点和技巧。				

一、接受工作任务

根据城市轨道交通车站谈心谈话具体要求，小组成员在分析员工谈心谈话时机之后，编制案例，模拟员工谈心谈话。

二、信息收集

城市轨道交通车站除进行每月固定谈话外，有下列情形之一的，必须进行谈话。

1）新提拔或有工作变动的员工。_____的员工或_____的员工应重点关注因员工角色变化而引起的心理变化，需要通过谈话使其建立_____，从而尽快进入新岗位工作状态。

2）离职的员工。要通过谈心谈话了解离职员工的_____，与即将离职的员工进行坦诚交流，可以了解企业存在的问题。

3）因个人行为不当、违反规章制度等原因拟进行通报_____、行政处分等惩处的员工。

4）个人或家庭遇到困难的员工。要切身了解员工的_____，并积极帮助员工找到解决困难的方式，让员工感受到温暖。

5）月度绩效考评_____的员工。针对绩效出现问题的员工，要通过谈心谈话帮助员工找到引发绩效较差的原因，并帮助员工找到努力的方向和目标。

6）需要进行年度绩效考评面谈的员工。

三、制订计划

请根据任务要求，确定所需要的实训设备，并对小组成员进行合理分工，制订详细的方案。

1. 需要的实训设备

2. 小组成员分工

3. 演练方案

四、计划实施

1. 将班级学生分成若干个小组，每组 2~3 人，分组演练员工谈心谈话并进行记录，完成小组自评和组间互评。

2. 每组展示时间为 10~15min。

3. 将演练过程录像记录，并提交演练整体视频。

五、质量检查

通过检查个人完成质量，结合小组成果展示，完成工作任务的检查和评价。

组内自评分数：

被评分人	组员一	组员二	组员三
分数			

组间互评分数：

组别	第一组	第二组	第三组	第四组	第五组	第六组	第七组	第八组
分数								

六、评价反思

在教师的指导下，评价自己的工作方式和工作质量。

评价表			
项目	评价指标	自评	互评
专业技能	谈心谈话内容完整，能够抓住重点	□合格　□不合格	□合格　□不合格
	按照任务要求完成作业内容	□合格　□不合格	□合格　□不合格
	完整填写工单	□合格　□不合格	□合格　□不合格
工作态度	着装规范，符合职业要求	□合格　□不合格	□合格　□不合格
	填写谈心谈话记录表认真准确	□合格　□不合格	□合格　□不合格
	正确查阅谈心谈话相关资料和学习材料	□合格　□不合格	□合格　□不合格
	目标明确，独立完成	□合格　□不合格	□合格　□不合格
个人反思		根据任务的安全、质量、时间和 6S 要求，提出个人改进建议	
教师评价	教师签字　　　　　　　　年　月　日	成绩	
		□合格　　□不合格	

实训工单七　城市轨道交通车站巡视流程演练

任务名称	城市轨道交通车站巡视流程演练	学时		班级	
学生姓名		学生学号		任务成绩	
实训场地		小组成员		日期	
任务目的	能够熟练掌握城市轨道交通车站巡视内容、关键点及基本要求。				

一、接受工作任务

为保证城市轨道交通车站运作顺畅，小组讨论车站巡视工作需要哪些岗位人员共同参与，并结合岗位职责模拟各岗位巡视作业。

二、信息收集

1. 巡视方式

车站巡视采用视频巡视和人工巡视相结合的方式，有条件的优先采用视频巡视。视频巡视由_____负责；人工巡视由_____负责，车站每日全区域人工巡视应不少于_____次。

2. 各岗位巡视内容

（1）通用巡视内容

1）确认消防设备设施的状态，包括确认_____、_____上的封条是否完好，对于破封的要检查里面的设备是否齐全。

2）确认自动扶梯运行是否正常，包括确认自动扶梯有无异响，梯级上有无异物等。

3）帮助乘客，特别注意帮助老、弱、病、有困难及伤残的乘客，回答乘客询问，给予乘客正确的指引，如遇自己不懂的问题可_____，然后为乘客解答。

4）留意乘客携带的物品，若发现乘客携带违反地铁管理条例的物品（如_____等），要及时劝其改乘其他交通工具，并对乘客耐心解释。

5）留意是否有_____、_____的乘客，禁止其进站乘车，及时向车控室汇报，必要时请求警务人员或其他同事协助并注意自我保护。

6）留意是否有故意损坏或偷窃车站设备设施的人，发现后应及时制止，留下肇事人。

7）巡视各种设备设施、_____、_____、_____等的状态，发现问题及时报车控室。

8）留意地面卫生，通知保洁人员及时清理水渍、杂物等，设置警示牌，防止乘客摔倒。

（2）值班站长巡视内容

1）站线巡视工作：查看_____，查看站线有无物品侵入限界及其他有可能影响行车安全的情况。

2）早间巡视：检查售票岗位是否做好售票准备，是否_____；检查售票员是否对 BOM 及时签到；检查广播设备是否正常；检查职工到岗情况；检查职工开门运营前的各项准备工作情况。

　　3）日常检查：检查＿＿＿＿＿＿＿＿＿＿；检查＿＿＿＿＿＿＿＿＿＿，检查售票岗位台账填记、签认情况，对漏填、误填的项目要指定责任人及时进行整改，签字确认；检查行车报表的填写；检查内务、岗位纪律；检查服务规范；检查卫生；检查车站设施设备；检查数据上传；检查整理班组台账；检查安检员、保洁员签到、考勤填记情况。

　　4）每日各岗位巡视不少于＿＿＿＿＿＿＿＿。

　　（3）值班员巡视内容

　　1）行车值班员巡视内容：检查车站＿＿＿＿＿＿、＿＿＿＿＿＿、＿＿＿＿＿＿等设备有无异常状况；检查行车报表、备品是否齐全；检查时钟是否准确。检查施工检修人员＿＿＿＿＿＿＿＿，接收其他岗位人员巡视情况汇报。发现异常情况及时汇报行调及相关部门，并按行调指示办理。

　　2）客运值班员巡视内容：做好 AFC 设备的巡视，检查＿＿＿＿＿＿、＿＿＿＿＿＿、＿＿＿＿＿＿、＿＿＿＿＿＿等设备是否正常；对各售票岗位作业情况进行检查；通过监控系统录像检查前日票务管理室内作业情况。

　　（4）售票岗巡视内容　运营前检查＿＿＿＿＿＿＿＿＿＿＿＿＿＿＿，检查责任区内卫生，检查灭火器、岗位备品及抢险器材的状态。定期检查责任区内卫生，检查灭火器、岗位备品、用电设施及抢险器材的状态。结束运营后应＿＿＿＿＿＿＿＿＿＿＿＿＿。

　　（5）厅巡岗巡视内容

　　1）留意站厅乘客购票的情况，引导不能正常进出闸机的乘客到＿＿＿＿＿＿＿＿处理，发现有排长队或大客流情况时，要及时做好乘客的引导并报告车控室。

　　2）引导乘客正确操作 AFC 设备，巡视 AFC 设备的状态，发现异常应及时报车控室，并在故障设备上放置＿＿＿＿＿＿＿＿。

　　3）检查乘客使用特种车票情况，抽查使用＿＿＿＿＿＿＿＿的乘客是否符合规定，发现不按规定使用者按章处理。

　　4）按规定定时对出站闸机进行检查，发现有单程票遗留的要及时投放到＿＿＿＿＿＿＿＿，防止单程票流失。

　　5）留意出入口和通道内是否有违反＿＿＿＿＿＿＿＿的情况，发现后应及时制止并报车控室。

　　（6）站台岗巡视内容

　　1）检查站台门的状态，包括＿＿＿＿＿＿＿＿＿＿、＿＿＿＿＿＿＿＿＿＿等，检查其他与站台门安全有关的设施。

　　2）留意站台乘客的候车动态，及时提醒特殊乘客注意安全（如对不便乘坐自动扶梯的乘客提醒其走楼梯，提醒乘客＿＿＿＿＿＿＿＿等）。

　　3）末班车到达车站后，确定末班车上的乘客已全部下车，并进行清站工作，保证车站的每个角落都没有滞留的乘客。

三、制订计划

　　请根据任务要求，确定所需要的实训设备，并对小组成员进行合理分工，制订详细的方案。

　　1. 需要的实训设备

2. 小组成员分工

3. 演练方案

四、计划实施

1. 将班级学生分成若干个小组，每组 5~8 人，扮演各岗位人员，根据岗位职责模拟车站巡视，完成小组自评和组间互评。

2. 每组展示时间为 20~30min。

3. 将演练过程录像记录，并提交演练整体视频。

五、质量检查

通过检查个人完成质量，结合小组成果展示，完成工作任务的检查和评价。

组内自评分数：

被评分人	组员一	组员二	组员三	组员四	组员五	组员六	组员七	组员八
分数								

组间互评分数：

组别	第一组	第二组	第三组	第四组	第五组	第六组	第七组	第八组
分数								

六、评价反思

在教师的指导下，评价自己的工作方式和工作质量。

评价表			
项目	评价指标	自评	互评
专业技能	车站巡视内容完整，发现问题能够及时汇报	□合格　□不合格	□合格　□不合格
	按照任务要求完成作业内容	□合格　□不合格	□合格　□不合格
	完整填写工单	□合格　□不合格	□合格　□不合格
工作态度	着装规范，符合职业要求	□合格　□不合格	□合格　□不合格
	正确查阅车站巡视相关资料和学习材料	□合格　□不合格	□合格　□不合格
	目标明确，独立完成	□合格　□不合格	□合格　□不合格
个人反思		根据任务的安全、质量、时间和6S要求，提出个人改进建议	
教师评价	教师签字　　　　年　月　日	成绩	
		□合格　　　□不合格	

实训工单八　城市轨道交通车站运营前检查流程演练

任务名称	城市轨道交通车站运营前检查流程演练	学时		班级	
学生姓名		学生学号		任务成绩	
实训场地		小组成员		日期	
任务目的	能够熟练掌握城市轨道交通车站运营前检查注意事项及整体流程。				

一、接受工作任务

为保证每日城市轨道交通车站正常运营，每日开站前车站均需进行运营前检查工作，小组讨论车站运营前检查工作需要检查哪些内容及需要哪些岗位人员共同参与，结合岗位职责模拟运营前检查作业流程。

二、信息收集

1. 运营前检查人员

原则上，车站运营前检查工作由_____与_____共同完成。

2. 运营前检查内容

（1）确保站内线路施工结束、线路出清，无异物侵入限界

1）_____与_____应共同核实所有施工已全部结束，人员出清。

2）_____应带齐备品，做好运营前检查准备工作。到站台确认_____情况（须到端门外进行观察，但不用下线路）。若有回段的工程车/轨道车/调试列车开行，则待其离开后再检查。在检查完线路后，出现加开列车或有临时线路抢修作业时，列车通过或作业完毕后，_____必须再次确认线路出清情况。

（2）检查站台门　系统检查站台门的状态。

（3）检查车站 ATS/LCW 集成工作站

1）行车值班员应核查记录和其他标识，确认本站使用钩锁器钩锁道岔的情况，防止转动_____的道岔。

2）行车值班员向_____申请车站 ATS 工作站控制权，经_____同意后可进行转换道岔操作与排列进路检查。未经_____允许，严禁操作。

3）行车值班员应按规定对本联锁区内需检查的每个道岔_____（现场已使用钩锁器加锁的道岔禁止转动），确保道岔可以正常转动。

4）行车值班员应按规定排列所需检查进路_____，确认各进路可正常排列，信号可正常开放。

5）转换道岔或排列进路时必须执行信号设备操作规定，按照顺序进行操作，避免遗漏检查，必须待_____后，方可执行下一个命令。

6）在检查确认车站 ATS 工作站正常后，须按相关要求恢复当日运营所需的设备状态，_____和_____应共同确认无误。

（4）检查设备、备品和人员情况　行车值班员应通过调度命令确认线路_____；检查各类环控、_____、_____、自动化的设备和系统是否正常，确认已达到运营要求；检查_____；检查人员_____。

（5）配合 OCC 进行运营前检查　行车值班员应与行调核对时间和_____。行车值班员应按《行车组织规则》的要求向行调汇报本站运营前准备情况，包括人员到岗情况、线路是否出清、站台门是否正常、车站 ATS/LCW 集成工作站是否正常以及其他有必要汇报的内容。

三、制订计划

请根据任务要求，确定所需要的实训设备，并对小组成员进行合理分工，制订详细的方案。

1. 需要的实训设备

2. 小组成员分工

3. 演练方案

四、计划实施

1. 将班级学生分成若干个小组，每组 4~6 人，根据岗位职责模拟车站运营前检查流程，完成小组自评和组间互评。

2. 每组展示时间为 20~30min。

3. 将演练过程录像记录，并提交演练整体视频。

五、质量检查

通过检查个人完成质量，结合小组成果展示，完成工作任务的检查和评价。

组内自评分数：

被评分人	组员一	组员二	组员三	组员四	组员五	组员六
分数						

组间互评分数：

组别	第一组	第二组	第三组	第四组	第五组	第六组	第七组	第八组
分数								

六、评价反思

在教师的指导下，评价自己的工作方式和工作质量。

评价表			
项目	评价指标	自评	互评
专业技能	运营前检查内容完整	□合格　□不合格	□合格　□不合格
	按照任务要求完成作业内容	□合格　□不合格	□合格　□不合格
	完整填写工单	□合格　□不合格	□合格　□不合格
工作态度	着装规范，符合职业要求	□合格　□不合格	□合格　□不合格
	正确查阅运营前检查相关资料和学习材料	□合格　□不合格	□合格　□不合格
	目标明确，独立完成	□合格　□不合格	□合格　□不合格
个人反思		根据任务的安全、质量、时间和6S要求，提出个人改进建议	
教师评价	教师签字　　　　年　月　日	成绩	
		□合格　　　□不合格	

实训工单九　城市轨道交通车站属地人员管理案例分析

任务名称	城市轨道交通车站属地人员管理案例分析	学时		班级	
学生姓名		学生学号		任务成绩	
实训场地		小组成员		日期	
任务目的	能够正确处理车站与属地人员之间的关系，熟悉属地人员管理要求。				

一、接受工作任务

城市轨道交通车站的属地工作人员分类较多，为使车站各岗位工作有条不紊，小组讨论车站哪些人员属于属地管理范畴，讨论应从哪些方面做好属地人员管理工作，并结合管理标准对案例进行分析。

二、信息收集

1. 属地人员

属地人员分为_____和_____。

常驻人员：_____、_____、_____、驻站工班人员（含委外）及商业经营人员等。

来访人员：非本站的、获得同意进入车站设备区的人员。

2. 属地人员管理标准

（1）在岗情况　每个规定时间段的岗位人员齐全，无未报车控室私自离岗的情况。

（2）基础管理　按时到车控室签到，无代签、虚假签到、_____、_____、_____等现象，中班员工交接需按要求准时到车控室前立岗点到。

（3）仪容仪表　按规范统一着装，工装需整洁，不准披衣、敞怀、挽袖、卷裤腿、穿拖鞋或赤足。

（4）服务规范　无在公共区倚靠栏杆、看 PIS、聚岗聊天等不符合"两纪一化"的行为，保洁不得坐乘客座椅、随意放置工器具；安检人员应说_____和_____；安检及安保人员无精神状态不佳，在岗位上睡觉、趴在桌子上休息等现象，无在岗位上做与工作无关的事情的行为，如玩手机、看报纸、吃零食等。

3. 属地人员违反岗位要求案例

（1）安检人员在岗吃早餐　某日，厅巡岗 A 在巡视过程中，发现本站安检员 B 在岗位上进食，有较大异味且有碍观瞻，若你作为车站工作人员，你该如何应对呢？

（2）保洁人员在岗位上收捡废品　某日，行车值班员 A 通过监控发现站台保洁人员 B 在岗位收捡废品，若你作为车站工作人员，你该如何应对呢？

三、制订计划

请根据任务要求，确定所需要的实训设备，并对小组成员进行合理分工，制订详细的方案。

1. 需要的实训设备

2. 小组成员分工

3. 演练方案

四、计划实施

1. 将班级学生分成若干个小组，每组 4~6 人，分演车站不同岗位人员，根据岗位管理要求，模拟案例所述情况下如何进行人员管理，完成小组自评和组间互评。

2. 每组展示时间为 20~30min。

3. 将演练过程录像记录，并提交演练整体视频。

五、质量检查

通过检查个人完成质量，结合小组成果展示，完成工作任务的检查和评价。

组内自评分数：

被评分人	组员一	组员二	组员三	组员四	组员五	组员六
分数						

组间互评分数：

组别	第一组	第二组	第三组	第四组	第五组	第六组	第七组	第八组
分数								

六、评价反思

在教师的指导下，评价自己的工作方式和工作质量。

评价表			
项目	评价指标	自评	互评
专业技能	属地人员管理方式正确	□合格　□不合格	□合格　□不合格
	按照任务要求完成作业内容	□合格　□不合格	□合格　□不合格
	完整填写工单	□合格　□不合格	□合格　□不合格
工作态度	着装规范，符合职业要求	□合格　□不合格	□合格　□不合格
	正确查阅属地人员管理相关资料和学习材料	□合格　□不合格	□合格　□不合格
	目标明确，独立完成	□合格　□不合格	□合格　□不合格
个人反思		根据任务的安全、质量、时间和 6S 要求，提出个人改进建议	
教师评价	教师签字　　　　年　　月　　日	成绩	
		□合格　　□不合格	

实训工单十　城市轨道交通车站"三权"接管流程演练

任务名称	城市轨道交通车站"三权"接管流程演练	学时		班级	
学生姓名		学生学号		任务成绩	
实训场地		小组成员		日期	
任务目的	能够熟练掌握城市轨道交通车站"三权"接管程序。				

一、接受工作任务

城市轨道交通车站从建设阶段转入运营阶段，车站各个方面都将面临较大的挑战，为使车站移交接管工作有条不紊，小组讨论应从哪些方面做好移交接管准备工作，并结合接管要求模拟车站接管程序。

二、信息收集

1. 移交接管定义

"三权"接管：是指_____、_____、_____在新线建设部门与运营管理部门之间的交接。

2. "三权"接管程序

（1）调度指挥权接管　调度指挥权由_____与建设部门对应交接，调度指挥权自_____起正式移交运营部门，建设部门负责向运营部门提供施工作业状态、线路占用情况、道岔开通位置等情况。

在接到"三权"接管令后，OCC向车站发布_____，由运营部门接收调度指挥权。各站根据OCC指令在_____、_____处张贴"三权"接管令，车站自接管时开始纳入运营部门管理范畴，安全、施工、运作需遵照运营部门制定的各项管理办法、规章、规定来开展。

（2）属地管理权接管　车站的所有房间钥匙由_____集中统一与建设部门对接清点和接管，并集中保管在_____，各相关房间使用管理部门根据钥匙管理规定到_____办理钥匙领用登记（通常只有变电专业可以保管相关设备房钥匙）。

属地管理权自_____起全面由运营单位各专业负责接管。各设备使用部门按专业负责相关的设备设施接管，负责管理其对应的房间和设备。

自接管当日起，为配合车站综治保卫工作，各车站需安排一名护卫/保安_____在车站值守，核对进出站的人员身份、物品放行条；运营单位需安排员工上岗正式值班、维修、巡检。站务执行_____，安排值班站长、行车值班员在车控室办公，配合现场施工作业及列车调试作业。

（3）设备操作维护权接管　设备操作维护权由各相关部门按照划分接口分别负责交接。接管内容至少包括所辖范围内的系统设备及附属设施等实体的检查及图样资料、设备房钥匙核查、移交清单复核、签收。现场以接管工作组或下设的专业小组为单位，由各组长负责牵头组织组员与建设总部按照对方提供的各项表格一一对应完成所辖范围内的设备、设施交接。表实不符的必须从表中清除或在移交表中如实注明，并将存在的问题汇总公司存档备案。交接时请遵照公司的有关规章进行。

序号	专业	设备或区域	检查内容
1	站务	区间铁门、区间风亭围蔽	检查施工区域与接管区域间是否已经按照要求进行围蔽
2		办公用房与轨行区相通的房间门、站台门钥匙、所有房间门钥匙	1）核对所有接管的钥匙对应的房间门是否能够正常开启，每一个房间至少对应_____把钥匙 2）站台门钥匙需要逐把测试所有的滑动门、应急门、端门是否能够正常开启；隔离钥匙需要_____测试所有滑动门是否能打到每一个档位；PSL钥匙需要逐把测试PSL盘上的_____
3		通信工具：对讲机、无线调度台、调度电话、内外线电话	1）_____、对讲机全站测试通话正常，无通话死角 2）_____、_____与相应调度测试是否能够正常通话，转换各频道后测试是否通话正常 3）内线电话与公司内部其他电话是否能够正常通话 4）外线电话与外部电话是否能够正常通话
4		移动消防器材	按照设计图样，确保按设计要求设置消防器材，并确认消防器材状态良好
5		安全标识	1）检查_____是否已张贴安全标识 2）检查_____是否已张贴安全标识 3）检查_____是否已安装安全标识
6		办公环境	1）检查办公用房是否已经按照装修标准进行装修，是否还有漏水、积水等建设问题遗留 2）检查通风制冷设备是否已经能够正常运作 3）检查办公工具是否已经齐全
7		站台区域线路	1）每侧站台安排_____下线路进行巡视，确保站台区域线路出清 2）每侧端墙安排_____下线路进行巡视，检查区间线路是否出清，走到与相邻站巡视人员碰面后即可返回

三、制订计划

请根据任务要求，确定所需要的实训设备，并对小组成员进行合理分工，制订详细的方案。

1. 需要的实训设备

2. 小组成员分工

3. 演练方案

四、计划实施

1. 将班级学生分成若干个小组，每组 5~8 人，分演"三权"接管各方人员，根据接管要求，模拟新线接管当天工作流程，完成小组自评和组间互评。

2. 每组展示时间为 20~30min。

3. 将演练过程录像记录，并提交演练整体视频。

五、质量检查

通过检查个人完成质量，结合小组成果展示，完成工作任务的检查和评价。

组内自评分数：

被评分人	组员一	组员二	组员三	组员四	组员五	组员六	组员七	组员八
分数								

组间互评分数：

组别	第一组	第二组	第三组	第四组	第五组	第六组	第七组	第八组
分数								

六、评价反思

在教师的指导下，评价自己的工作方式和工作质量。

评价表			
项目	评价指标	自评	互评
专业技能	"三权"接管流程正确、完整	□合格　□不合格	□合格　□不合格
	按照任务要求完成作业内容	□合格　□不合格	□合格　□不合格
	完整填写工单	□合格　□不合格	□合格　□不合格
工作态度	着装规范，符合职业要求	□合格　□不合格	□合格　□不合格
	正确查阅"三权"接管相关资料和学习材料	□合格　□不合格	□合格　□不合格
	目标明确，独立完成	□合格　□不合格	□合格　□不合格
个人反思		根据任务的安全、质量、时间和6S要求，提出个人改进建议	
教师评价	教师签字　　　　　　年　月　日	成绩	
		□合格　　□不合格	

实训工单十一　车站运作知识问答竞赛

任务名称	车站运作知识问答竞赛	学时		班级	
学生姓名		学生学号		任务成绩	
实训场地		小组成员		日期	
任务目的	能够熟练掌握车站运作重点知识，实现知识点的运用与识记。				

一、接受工作任务

城市轨道交通车站运作涵盖内容繁多，且记忆点较多，为增强知识运用能力，提升知识熟悉程度，小组合作进行知识竞赛，以赛促学，提升业务知识掌握水平。

二、信息收集

1. 城市轨道交通车站管理概述

收集城市轨道交通车站管理模式、城市轨道交通车站管理权限、站务员岗位职责、开关站程序相关学习资料。

2. 城市轨道交通车站基础管理

收集车站排班规定、调班规定、交接班重要事项、6S 含义及车站 6S 管理区域、车控室人员管理规定、文件传阅规定相关学习资料。

3. 城市轨道交通车站人员管理

收集谈心谈话、评估对象、跟岗标准相关学习资料。

4. 城市轨道交通车站运营生产管理

收集生产信息分类分级及报送形式、生产信息报送标准、通用巡视内容、站务员巡视内容、运营前检查内容相关学习资料。

5. 城市轨道交通车站属地管理

收集属地人员的分类、驻站人员日常行为规范相关学习资料。

6. 城市轨道交通车站新线接管

收集车站"三权"接管流程相关学习资料。

三、制订计划

请根据任务要求，对小组成员进行合理分工，所有组员分赛段参与竞赛环节。

1. 竞赛形式

1）抢答题：每题 1 分，答题时间为 10s，答对加 1 分，超过答题时间、答错题、不能回答的不得分。各组在主持人宣布开始后抢答，任意组员均可抢答，抢答时要求举手并喊"报告"，并站起来回答，10s 内必须作答。

2）必答题：每组每人 1 题，各组队员按照座位顺序依次作答，每题 1 分，答题时间为 10s，答对加 1 分，超过答题时间、答错题、不能回答的不得分，答题过程中其他组员不得提示或暗示，否则视为违规，违规不得分，此题作废。

3）风险题：按照抽题号决定所答题目，设 5 分、10 分、15 分 3 个分数段，时间为 60s，各组自愿选择不同分值的题目，可由任意组员进行回答，其他组员可在规定时间内进行补充，答对加相应的分数。在规定时间内答错题或不能回答的，不得分。

2. 点评和总结

根据 3 个阶段的总得分情况，评出优秀组，同时，各组进行总结和互评，评出本组优秀组员。

四、计划实施

1. 将班级学生分成若干个小组，每组 5~8 人，分 3 个阶段参与竞赛。

2. 每阶段比赛时间为 15~20min，每阶段结束后公布每组得分情况，3 个阶段结束后，公布每组总分情况及排名。

3. 学生进行互评，评出优秀组和每组优秀成员。

五、质量检查

通过检查个人完成质量，结合小组成果展示，完成工作任务的检查和评价。

组内自评分数：

被评分人	组员一	组员二	组员三	组员四	组员五	组员六	组员七	组员八
分数								

组间互评分数：

组别	第一组	第二组	第三组	第四组	第五组	第六组	第七组	第八组
分数								

六、评价反思

在教师的指导下，评价自己的工作方式和工作质量。

评价表			
项目	评价指标	自评	互评
专业技能	知识掌握较好	□合格 □不合格	□合格 □不合格
	按照任务要求完成作业内容	□合格 □不合格	□合格 □不合格
	完整填写工单	□合格 □不合格	□合格 □不合格
工作态度	着装规范，符合职业要求	□合格 □不合格	□合格 □不合格
	正确查阅课程所有内容的相关资料和学习材料	□合格 □不合格	□合格 □不合格
	目标明确，独立完成	□合格 □不合格	□合格 □不合格
个人反思		根据任务的安全、质量、时间和 6S 要求，提出个人改进建议	
教师评价	教师签字 　　年　月　日	成绩	
		□合格　　□不合格